国家自然科学基金项目（71961006）
江西省自然科学基金项目（2018BAA208030）
江西省社科规划青年项目（18GL37）
江西省高校人文社科青年项目（GL18219）
东南大学博士后启动基金项目（1121000301）

民间资本介入城市公交
可行性定量评价方法及机理

薛运强 ◎ 著

西南交通大学出版社
·成　都·

内容提要

　　如何定量分析民资介入公交的可行性，是提高民资介入公交成功率的重要研究内容。本书围绕民资介入公交可行性定量分析方法问题，探究民资介入公交静态的、动态的、系统的定量分析方法及功能机理，研究民资介入公交的可行性及对公交系统的影响，同时给出民资介入公交的相应政策建议。这些研究为提高民资介入公交成功率提供了理论支持，同时对于促进公交可持续发展，缓解政府财政压力具有实践指导作用，也具有较大的社会意义。

　　该书适合交通运输规划与管理、公交运营管理、公共政策等相关方向的科研和管理人员参考阅读。

图书在版编目（CIP）数据

　　民间资本介入城市公交可行性定量评价方法及机理 / 薛运强著. 一成都：西南交通大学出版社，2019.11

　　ISBN 978-7-5643-7257-6

　　Ⅰ. ①民… Ⅱ. ①薛… Ⅲ. ①城市交通运输－公交公司－交通运输企业管理－民间投资－研究 Ⅳ. ①F570.6

　　中国版本图书馆 CIP 数据核字（2019）第 272309 号

Minjian Ziben Jieru Chengshi Gongjiao Kexingxing Dingliang PingJia Fangfa ji Jili

| 民间资本介入城市公交可行性定量评价方法及机理 | 薛运强　著 | 责任编辑　张宝华 |
| | | 封面设计　GT 工作室 |

印张　12　　字数　203千	出版发行　西南交通大学出版社
成品尺寸　170 mm×230 mm	网址　http://www.xnjdcbs.com
版次　2019年11月第1版	地址　四川省成都市二环路北一段111号
	西南交通大学创新大厦21楼
印次　2019年11月第1次	邮政编码　610031
印刷　成都勤德印务有限公司	发行部电话　028-87600564　028-87600533
书号　ISBN 978-7-5643-7257-6	定价　68.00元

通过发展公共交通来缓解大城市的交通问题已经成为广泛共识。公共交通的公益属性，使得政府需要进行财政补贴来维持公交的低票价，然而随着公交补贴的增长，政府的财政压力日益增大。国际上公交市场化改革的经验表明，吸引民间资本(下文简称"民资")来缓解政府财政压力、促进公交财务可持续成为公共交通摆脱困境的优选出路。通过吸引民间资本来发展公共交通，对于促进公交可持续发展，提高公交系统的运营效率，保障公交的公益属性和居民的出行需求具有重要的社会意义和现实意义。2010 年以来，我国政府频繁发布文件鼓励民间资本介入包括城市公交在内的基础设施建设和运营，并且倡导推广政府和民间资本合作的 PPP 模式。面对目前政府鼓励民资进入公共交通的政策大环境和以往民资介入公交的失败经历，我们提出如下两个问题：

（1）如何定量分析民资介入公交的可行性，提高民资介入公交的成功率？

（2）民资介入后对公交系统有何影响，这种影响如何定量刻画？

要回答上述问题，首先需要了解以往民资介入公交的概况，把握民资介入公交可行性的分析方法和工具，并分析其优劣与不足。本书针对上述问题及已有研究的局限性，围绕民资介入公交的定量分析问题，探究民资介入公交的静态的、动态的、系统的定量分析方法，并以此方法研究民资介入公交的可行性和对公交系统的影响，同时给出相应的建议。本书具体做了如下研究：

（1）在对国内外民资介入公交发展概况、民资介入公交相关模式、定量评价方法和相关研究等方面的文献进行综述的基础上，总结了以往研究的优缺点，指出了现有研究的局限性，以引出本书的研究内容。

（2）为了研究民资介入公交的定量评价方法，以济南市公交系统为例收集了所需要的基础数据，包括居民出行数据、公交运营数据、公交财务数据和公交补贴数据等。数据的可获得性为构建民资介入公交定量分析模型，定量分析民资介入公交效果提供了数据支持，也提高了定量分析模型的可移植性。

（3）针对以往民资介入公交多因财务不可持续导致失败的经历，提出了一种考虑乘客价值的民资介入公交模式，旨在提高民资介入部门的收益，同时考虑返还部分收益给乘客，以提高公交的吸引力。从财务分析可知，考虑乘客价值的民资介入公交模式提高了民资介入部门和乘客的收益，理论上比传统模式更具有可持续性。

（4）结合公交系统自身的特性，运用双层规划理论（BLPT）研究了民资介入公交的静态评价方法，讨论了民资介入公交双层规划模型（BLPM）的性质及算法。通过案例分析找到了关键参数的临界值，其价值模式更有利于公交财务的可持续发展，应当受到鼓励。此外，关键参数取值对于模型求解是稳健的。书中建立的民资介入公交 BLPM 模型结构和求解算法为进一步研究打下了基础，为定量评价民资介入公交效果提供了定量分析的工具。

（5）运用演化博弈（EG）理论研究了民资介入公交的动态评价方法。演化博弈理论基于决策者的有限理性，与现实更相符。案例分析结果表明，本书提出的价值模式是演化稳定的，并且比传统运营模式更具有优越性，而且初始选用价值模式运营策略的企业比例越高，系统调整策略进行优化的速度就越快。研究结果为管理者找到民资介入公交演化稳定策略，设计更高效的民资介入合同，降低民资介入公交的风险，从而提高民资介入公交的成功率提供了理论基础。

（6）最后用系统动力学理论(SD)建立了民资介入公交策略 SD 模

型。研究表明，从系统角度研究民资介入公交对节能减排效果的影响，能够从更全面的角度分析民资介入公交的环境效果，有利于决策者系统评价民资介入公交策略。本书的研究为系统分析民资介入公交效果提供了基础，是已有定量评价方法的有效补充，有利于决策者科学制订民资介入公交政策。

全书由薛运强撰写，研究生薛逻维、桑梓做了部分图表编辑工作，本科生王猛、李昕、刘月、王通、郭军和张永欢对附录进行了更新和整理。北京工业大学博士生导师关宏志教授、华东交通大学秦鸣教授对本书的出版提出了宝贵意见，在此表示衷心感谢；同时感谢南京理工大学的胡启洲教授积极推动本书的出版；感谢作者曾工作过五年的济南市公共交通总公司提供了相关数据；感谢华东交通大学交通运输与物流学院领导、同事的帮助与支持。

本书的出版得到了国家自然科学基金项目（71961006），江西省自然科学基金项目（2018BAA208030），江西省社科规划青年项目（18GL37），江西省高校人文社科青年项目（GL18219），东南大学博士后启动基金项目（1121000301）的资助，在此一并表示感谢。

鉴于作者水平有限，书中疏漏之处在所难免，敬请各位同行专家学者批评指正，以使该书不断完善，为公交市场化改革进献绵薄之力。

薛运强
于华东交通大学孔目湖畔
2019 年 7 月 1 日

目　录

第1章 绪 论

1.1 研究背景与问题提出

1.1.1 研究背景

1. 城市交通问题日益严重

随着经济社会的快速发展,我国的城市化进程突飞猛进,城市人口(见图 1-1)和机动车保有量(见图 1-2)急剧增长,交通拥堵、交通事故、汽车噪音、尾气排放造成的环境污染等城市交通问题日渐严峻,已成为制约城市良性发展的严重问题。近年来,城市交通问题从北上广深等一线城市逐渐向众多二、三线城市蔓延,而由交通拥堵造成的出行时间延误、能耗排放增加和交通事故均导致巨大的经济损失[1]。中国科学院首席科学家牛文元指出[2],中国最发达的 15 座城市每天因交通拥堵造成的损失接近 10 亿元,年损失 300 多亿元。在美国,39 个主要城市每年因交通拥堵造成的经济损失约为 410 亿美金[1];日本东京每年的交通拥堵损失折合 123000 亿日元。可见,如果能够缓解城市交通问题将具有极大的社会经济意义。

党的十八大以来,国家确定了推进新型城镇化建设的发展战略。根据《国家新型城镇化规划(2014—2020)》,我国常住人口城镇化率将从 2014 年的 53.7% 提高到 2020 年的 60%。根据公安部交管局统计,截至 2016 年 6 月底,全国机动车保有量 2.85 亿辆(其中汽车 1.84 亿辆),而机动车驾驶人则高达 3.42 亿人。在未来,城市人口和机动车保有量将进一步增加，城市交通问题将会更加严峻，如何应对这一问题对城市管理者和研究人员来讲将是一个巨大的挑战。

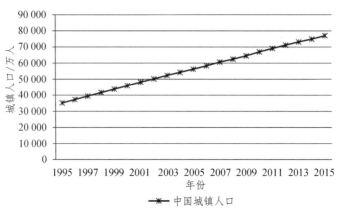

图 1-1　我国城镇人口发展图（1995—2015）

资料来源：国家统计局官方网站。

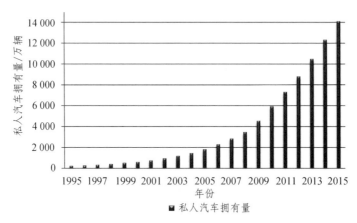

图 1-2　我国私人汽车拥有量发展图（1995—2015）

资料来源：国家统计局官方网站。

2. 优先发展公共交通成为共识

国内外的发展经验表明，通过优先发展公共交通（以下简称"公交优先"）来应对城市交通问题、促进城市可持续发展具有重要意义[3]。公共交通以其节省道路资源、节能减排等优势被认为是实现社会经济、环境目标和其他公共价值的重要因素[4]。据统计[5]，公共交通人均占用道路面积是小汽车的 1/25；公共汽车百公里人均能耗是小汽车的 8.4%，地铁百公里人均能耗是小汽车的 5%，无轨电车百公里人均能耗是小汽车的 4%，有轨电车百公里人均能耗是小汽车的 3.4%。在大城市的交通高峰时，公共交通的一氧化碳、碳氢化合物和氮氧化合物的小时人公里排放量分别是小汽车的 17.1%，6.1% 和 17.4%[5]。也就是说，发展公共交通对于城市环境也具有积极作用。

"公交优先"概念源于 20 世纪 60 年代的法国（巴黎），是法国政府首次提出以"公交优先"为导向的城市交通发展理念，随后在英、美、日等发达国家得到发展和完善[6]。我国从 20 世纪 80 年代开始提出倡导城市公交优先[6]。1995 年，《北京宣言：中国城市交通发展战略》中提出优先发展公共交通的策略。2005 年，国务院办公厅转发了建设部等部门《关于优先发展城市公共交通意见的通知》（国发办〔2005〕46 号文），明确指出，优先发展城市公交是缓解城市交通拥堵等问题的重要手段，将"公交优先"提升到影响城市发展的高度。国务院于 2012 年发布了《国务院关于城市优先发展公共交通的指导意见》（国发〔2012〕64 号），并正式确定城市公共交通优先发展的战略，这是我国关于"公交优先"发展的指导性最强、级别最高、保障性措施最全面的政策性文件。为贯彻落实 64 号文，交通运输部推出"公交都市"创建示范工程，在 2012 年公布了首批 15 个"公交都市"试点城市，又在 2013 年批准了 22 个"公交都市"试点城市。被批准的试点城市将在五年内大力建设"公交都市"。"公交都市"创建示范工程是贯彻落实 64 号文"公交优先"发展战略的重大举措，将推动我国"公交优先"发展迈上新的台阶。

3. 政府对公共交通补贴的财政压力

城市公共交通具有社会公益属性，使得公交票价保持了较低的水平，需要政府财政补贴才能保持公交系统的正常运行[7]。在国际上，对城市公交实施中央和地方政府联合投入是通用的做法[8]。国外城市对公交运营给予补贴也十分普遍（见图 1-3），补贴额度占到企业运营成本的一半以上[8]。图 1-4 显示了北京市 2008—2015 年对公交补贴的额度，2015 年北京市采取上调票价以缓解财政压力引起了广泛的社会争议。随着公交系统运营成本的增加，政府财政压力逐渐增大，如何在政府财政有限的情况下保持较低水平的公交票价，服务好广大居民出行是政府面临的一个问题。

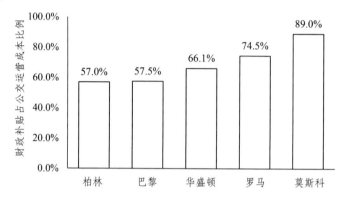

图 1-3　政府财政补贴占公交运营成本比例

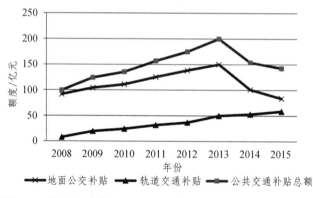

图 1-4　北京市政府 2008—2015 年对公交的财政补贴额度

4. 公交行业市场化改革大潮

国外公交改革的实践经验表明[9]，城市公交发展摆脱困境的出路是打破政府的垄断局面，引入公私机构之间的竞争。在城市公共交通领域引入民间资本①（以下简称"民资"）来缓解政府财政负担、提高公交系统运营效率，业已形成一种共识。

我国的公交市场化改革源自 20 世纪 80 年代。国务院在 1985 年发布了《关于改革城市公共交通工作的报告》（国发〔1985〕59 号），提出实行多家经营，统一管理，发展集体和个体经营，这些措施使得民间资本开始进入城市公交。90 年代历经小公交整顿和民资在公交的反复后，2002 年，《关于加快市政公用行业市场化进程的意见》的出台掀起了以兰溪、十堰公交为代表的公交民营化潮流[10]，但是本次公交民营化多因财务不可持续而失败。

目前，我国城市公共交通又将掀起一场市场化改革的大潮[6]。2010 年以来，我国政府陆续出台相关文件鼓励民间资本介入包括公共交通在内的社会公共事业的建设和运营（见附录 B）。2010 年，国务院发布《国务院关于鼓励和引导民间资本健康发展的若干意见》（国发〔2010〕13 号），鼓励民间资本参与交通运输建设，支持民间资本进入公共交通等领域参与市政公用事业建设；2012 年，交通运输部发布《关于鼓励和引导民间资本投资公路水路交通运输领域的实施意见》（交规划发〔2012〕160 号），鼓励引导民资进入交通运输行业基础设施和交通运输服务领域，支持民资进入城市公交和农村客运等公用事业领域；2014 年，国务院发布《关于创新重点领域投融资机制鼓励社会资本的指导意见》（国发〔2014〕60 号），提出推进公共交通等市政基础设施投资运营市场化，推广政府和社会资本合作（Public-Private Partnership, PPP）模式；2016 年，财政部和交通运输部联合发布《关于推进交通运输领域政府购买服务的指导意见》（财建〔2016〕34 号），明确指出通过引入市场机制，将城市公共交通运输服务

---

① 参照论文[7]，本书的民间资本特指国内全部非国有投资资本，主要包括四类（http://wiki.mbalib.com/wiki/民间资本）：经营型民间资本（指民间法人投资和个人投资的实业资本，具体是集体、联营、私营、个体和非国有股份制五种经济类型的总投资），金融性民间资本（指居民储蓄存款、国库券、企业债券、外汇券、股票等各种有价证券），现金型民间资本（居民手持现金）和不动产型民间资本（民间法人和民间个人所拥有的并用以出租的房屋和土地等）。

从政府"直接提供"转为"购买服务",提高财政资金使用效率,实现公共资源配置效率的最大化;国务院在 2017 年发布了《国务院关于印发"十三五"现代综合交通运输体系发展规划的通知》(国发〔2017〕11 号),提出加快推动 PPP 模式在交通运输领域的推广应用,鼓励通过政府购买服务、特许经营等方式参与交通项目建设、运营和维护。

当前,在政府鼓励民资进入城市公交的政策环境下,如何克服以往民资介入公交的失败教训,贯彻落实好民资介入公交的相关政策成为政府管理者和学者们亟待面对的任务和挑战。

1.1.2　问题提出

通过上述研究背景的概述,可以知道,通过发展公共交通来缓解目前大城市的交通问题已经成为广泛共识,而吸引民间资本来缓解政府财政压力、促进公交财务可持续成为公共交通摆脱困境的优选出路。目前,面对政府鼓励民资进入公共交通的政策大环境和以往民资介入公交的失败经历,我们提出如下两个问题:

(1)如何定量分析民资介入公交的可行性,提高民资介入公交的成功率?

(2)民资介入后对公交系统有何影响?是积极的还是消极的?这种影响如何定量刻画?

要回答上述问题,首先需要了解以往民资介入公交的概况,把握民资介入公交可行性的分析方法和工具,找到其优劣与不足。其次,为了提高民资介入公交的成功率,需要优化民资介入公交的策略。最后,为了定量分析民资介入对公交系统的影响,需要结合公交系统的自身特性以及出行者的出行方式选择行为进行建模仿真。本书拟针对上述问题展开研究,旨在探究民资介入公交的定量分析方法,并用此方法来研究民资介入公交的可行性和对公交系统的影响,同时给出相应的建议。

本书依托国家自然科学基金项目(71961006):"有限理性视野下民间

资本介入城市公交可行性定量评价方法及机理研究"；江西省自然科学基金项目（2018BAA208030）："不确定条件下民间资本介入城市公交可行性定量评价方法及机理研究"；江西省社科规划青年项目（18GL37）："公交企业运营的经济价值与社会价值协调统一研究"；江西省高校人文社科青年项目（GL18219）："公交都市建设与城市交通可持续发展的关系研究"以及国家自然科学基金重点项目（51338008）子课题项目："政策导向的交通系统供需结构调控方法"开展研究。

1.2 研究目的和意义

本书研究的目的是在当前"公交优先发展"和"鼓励民资进入公交"的政策环境下，回答上节提出的两个问题，以提高民资介入公交的成功率，促进公交可持续发展，保障居民优质低价的公交出行。

针对民资介入公交存在的问题，以及以往研究的不足，在总结分析现有民间资本介入公交模式的基础上，提出一种新的民资介入公交模式。这种模式，在理论上，分别从静态、动态和系统的角度深入研究民资介入公交的定量评价方法，以便为民资介入公交提供更加完善的定量评测工具；在应用上，以济南公交为案例分析民资介入公交的可行性及其效果，以便为合理制订民资介入公交策略提供支持。

1.3 研究思路和方法

为了达到预期的研究目标，本书拟综合运用以下研究方法：

（1）多学科交叉的研究方法。

民间资本投资公共交通，涵盖了交通工程学、经济学、心理学（行为选择理论）、数学（优化理论）等多学科内容，研究问题也从单一学科向跨学科、多学科发展，是现代科学研究的发展趋势。

（2）定性为辅、定量为主的研究方法。

民间资本介入公共交通的影响因素非常复杂，有些因素不好用数量表达，需要进行定性的描述来阐述它们对民资介入公交的影响。但是为了把握民资介入公交的可行性，直观的、定量化的分析手段也是必不可少的。如果能够用数量的形式表达出民资介入公交的效果，无疑更有利于决策者做出合理的决策。以往关于民资介入公交的研究多是定性分析[11]，本书将重点研究民资介入公交的定量评价方法。

（3）比较研究的方法。

通过比较以往关于民资介入公交的研究，可以发现已有研究的优缺点。民资介入公共交通起源于欧美发达国家，在欧美发达国家已积累了丰富的实践经验和理论研究成果；而我国民资介入公交也经历了 30 多年的历程，因此，通过吸取国内外民资介入公交的经验教训，可以为民资介入公交提出更合理的政策建议。

（4）理论与案例分析相结合的方法。

理论与实践是相辅相成，缺一不可的。科学的理论对实践具有指导作用，没有科学理论指导的实践是盲目的实践。理论只有同实践相结合，才能得到检验和发展。理论反映事物的本质和规律，反映了事物的共性，而案例分析则揭示了事物的个性。由于事物是千差万别的，每种事物都有其丰富的个性，而且是共性和个性的统一，因此，需要运用理论对具体案例进行具体分析，把理论和具体案例有机结合起来，做到理论和实践的统一。本书在对各部分研究内容进行理论分析、建立模型的同时，还将研究模型的适用性，并以济南公交为例对理论模型进行验证分析。

本书的研究思路如图 1-5 所示：

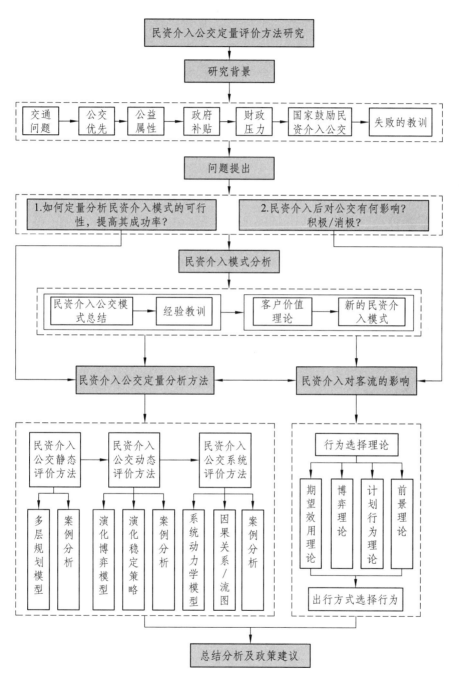

图 1-5　研究思路示意图

1.4　研究内容和论文结构

针对前面提出的研究问题和研究思路，本书将研究内容划分为七章进行探讨。本书的研究框架如图 1-6 所示：

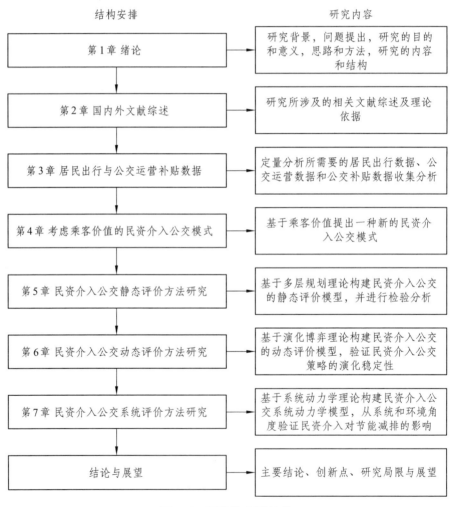

图 1-6　研究的主要结构

第 1 章是绪论。阐述研究背景、问题提出、研究的目的和意义、研究的思路和方法，以及研究的内容和结构。

第 2 章是与本研究相关的国内外研究文献综述、部分相关概念和理论依据。国内外文献总结归纳了民间资本投资公交的发展现状、民间资本投资模式及其他问题、民间资本介入城市公交的相关研究。同时总结了已有研究的不足，以便为提出研究问题和研究内容提供依据。相关概念及理论依据则对市场化、民营化与公私伙伴关系、公交服务供给理论进行了介绍，给出了非集计模型基本理论等出行方式的选择理论，以便对公交乘客的出行行为的方式选择进行分析提供理论基础。

第 3 章是居民出行与公交运行补贴数据。收集和整理了定量分析所需要的关于民资介入公交可行性的居民出行数据和公交运营数据，以及公交补贴数据。掌握目前公交运营的成本和收益，以便为构建民资介入公交的定量评价模型提供数据支持。

第 4 章介绍了考虑乘客价值的民资介入公交模式。在总结已有的民资介入公交模式以及以往的民资介入公交失败经历的基础上，引入乘客价值概念，提出了一种考虑乘客价值的民资介入公交模式。该模式能更充分地挖掘乘客资源，产生更多的收益。该模式将部分收益返还给乘客，这对于居民选择公交出行，提升公交出行吸引力将发挥积极作用。考虑乘客价值的民资介入公交模式提高了民资介入部门和乘客的收益，从理论上讲比传统模式更具有可持续性。

第 5 章介绍了民资介入公交的静态评价方法。首先，讨论了民资介入公交静态评价的出发点，以及将多层规划理论作为建模基础的适用性。其次，构建了民资介入公交的双层规划模型，设计了模型的求解算法。最后，以济南公交局部线网为例验证了模型的适用性，并结合案例分析了第 4 章提出的考虑乘客价值的民资介入公交的效果，以及该介入模式的优劣性，提出了相关的政策建议。

第 6 章介绍了民资介入公交的动态评价方法。首先，从已有研究的不足出发引出动态评价民资介入公交的必要性。其次，探讨了将演化博弈理论作为民资介入公交动态评价理论基础的适用性。最后，分析了第 4 章提出的价值介入模式和传统介入模式的动态稳定性，为决策者制订民资介入策略提供理论基础。

第 7 章介绍了民资介入公交的系统评价方法。首先，讨论了系统评价民资介入公交的必要性。其次，分析了将系统动力学理论作为民资介入公交系统评价理论基础的适用性，构建了民资介入公交的系统动力学模型并验证了该模型的精度。最后，从节能减排方面系统地分析考虑乘客价值的民资介入公交的效果，并给出相关的政策建议。

最后是结论和展望。总结研究成果，概括创新点，并对未来研究做出展望。

1.5　小　结

本章首先从研究背景出发，引出要研究的两个问题：一是如何定量评价民资介入公交的可行性，提高民资介入公交的成功率；二是民资介入对公交系统有何影响。然后，论述研究的目的和意义，并在此基础上，提出整体的研究思路和方法、研究内容和研究结构。

第 2 章 国内外文献综述

2.1 民间资本介入公共交通发展概况

20 世纪 70 年代国际上出现了石油危机，西方各国财政赤字、公共效率低下，引起了公众的不满。在此期间，以英国的行政改革为开端，在西方各国掀起了一场公共行政改革的浪潮，其中最核心的主题就是公共服务的市场化[9, 12]。在行政改革的大背景下，世界各国也开展了公交行业的市场化、民营化改革[9]，民间资本随之介入公交设施建设和公交运营中。国外公交行业改革中的创新理念和成功经验，对我国公交行业的发展具有一定的指导作用。我国从 20 世纪 80 年代也陆续开展了公交行业改革，历经了诸多的波折反复后，积累了一些经验和教训[10]。2010年以来，我国政府陆续颁发政策文件（附录 B），鼓励民资介入公共交通等领域。因此，充分了解国内外民资介入公交的状况，对于贯彻落实国家的相关政策将会起到积极的推动作用。国内外众多学者曾对各国的公交市场化改革历程做了广泛和深入的研究，下面分别介绍国内外民间资本进入公交的发展历程。

2.1.1 国外民间资本介入公共交通发展概况

城市公共交通兴起于 19 世纪、20 世纪之交，起初的公交服务主要由受管制的私人部门提供。20 世纪 40 年代，由于票价管制和公交企业亏损，多数发达国家的城市公交服务转为由公共垄断提供，公共垄断曾一度成为通行的城市公交服务模式[12]。70 年代，随着世界范围掀起的公共行政市场化改革热潮的加剧，公交服务市场化应运而生，放松管制与竞争性招标成为城市公交策略的主流观念[9]，一些国家的政府部门逐步放开公交市场，吸引民间资本进入城市公交的设施建设和运营中。80 年代，一种政府和市场合作的公私合作模式（Public-Private Partnership, PPP）开始进入城市公交服务领域。不过，各国选择的 PPP 模式又有所区别，最常用的两种模式是竞争招标和特许经营[12]。

不论是市场化、民营化，还是公私伙伴关系（PPP），都源起于西方，这几个概念既有区别又紧密联系。所谓市场化[9, 13]是充分发挥市场在资源配置中的作用，是一种以市场需求为导向，竞争性的优胜劣汰为手段，实现资源合理配置、效率最大化的经济运行机制。Savas[14, 15]认为，民营化可界定为更多依靠民间机构，更少依赖政府来满足民众需求；民营化是在产品/服务的生产和财产拥有方面减少政府作用，增加社会其他机构作用的行动。世界银行[16]给公私伙伴关系（PPP）下的定义是公共部门和私人部门通过合作的形式提供公共产品或服务，通过发挥公私部门各自的优势，来实现风险共担、利益共享和责任分配。市场化是经济发展的趋势，民营化和 PPP 是市场化的具体形式，都是吸引民间资本的手段，其不同之处在于 PPP 强调了公共部门和私人部门之间的合作关系。由于 PPP 兼顾了公共部门和私人部门的优势，越来越受到管理者的青睐。

表 2-1　城市公交市场化前后成本对比

城市	公交市场化后成本节约/%	城市	公交市场化后成本节约/%
哥本哈根	22	洛杉矶（1988）	38
丹佛	33	洛杉矶（1989）	48
休斯敦	37	迈阿密	29
印第安纳波利斯	22	新奥尔良	50
伦敦	46	圣地亚哥	44
拉斯维加斯	33	斯德哥尔摩	32

表2-2 民营和国营公交服务成本效率对比

研究者	研究内容	研究结论
Edward K. Morlok, Philip A. Viton[17]	美国、英国、澳大利亚公交民营化前后对比	私人承包商提供公交服务的成本比国有公交成本低50%~60%
Edward K. Morlok, Frederick A. Moseley[18]	调查31个公交系统，比较公交民营化前后成本	合同外包给私营部门平均节约成本29%
James Perry, T. Babisky[19]	公交民营化、成本加固定费的合同承包、国营三者之间的比较	民营化效率明显高于其他两种形式
Roger F. Teal, et al.[20]	比较研究864个公交系统	对规模较大的公交系统，民营比国营公交运营成本低44%。对拥有250辆以上汽车的公交公司来说，合同外包给拥有25辆以上汽车的私人公司会节省36%~50%的成本
Norman Sherlock; Wendell Cox[21]	调查567个民营公交系统	1970—1983年，民营公共汽车公司每英里成本降低了3%，同时期国营公交系统成本增加了52%。民营部门公交服务平均成本比国营部门低32%
A.A. Walters[22]	比较研究五个大城市公交系统	民营承包商总体上比国营公交公司成本低50%~65%，他们一般向国库缴纳相当数量的税金

国外城市公交行业的市场化改革大都取得了积极的效果[15, 17-24]。民间资本进入城市公共交通，一方面缓解了政府在公交补贴和基础设施建设方面的财政压力，另一方面提高了城市公交的经营效率和服务质量（见表2-1和表2-2）。通过表2-1和表2-2可知，私人公交服务成本远低于国有公交服务成本，民间资本介入公共交通具有更高的成本收益比[15]。下面是几个主要国家的公交市场化改革发展概况：

（1）英国的公交服务改革。

1980年以前，英国是由国有企业提供公交服务的。之后，英国实行了把公用事业全面私有化的政策。1984年，英国颁布《交通法》，规定除伦敦外的其他地区完全解除对公交的集中管理，包括所有雇员在内的公交营运都卖给了私营企业[9]。政府根据不同情况给亏损企业提供补贴，通常以竞标方式作为运营成本的附加确定。发达国家中只有英国采用了放松管制的政策，放松管制的最大优点是有利于通过竞争来提高公交系统的运营效率，但是也有其明显的缺点，主要表现在恶性竞争和系统整合性差两方面。英国的放松管制政策实现了减少公共支出、提高公交行业效率的目标，但是也带来了抢夺乘客、恶性竞争的不利结果[25]。过度的放松管制政策并不是一个理想的模式，理想模式则是政府仍要发挥其规划、协调和监管的职能，并为全社会的基本服务企业提供补贴[26]。近年来，英国的地方规划部门通过客运交通署，在政策和规划制订中发挥了越来越大的作用[9]。

（2）法国的公交服务改革。

法国的私营部门参与提供公共服务可以追溯到 16 世纪[12, 27]，当时出现的是水务私人公司。法国的公共交通发展模式也经历了不同的阶段[9]：法国政府早在 1791 年就颁布了《阿拉尔德法》，确立了市镇政府可以对公用事业的公有或私有经营者进行自由选择的法律依据；19 世纪 50 年代到 20 世纪初，法国的公共交通以私营地铁和有轨电车为主，经营方式是私营企业独家经营并执行高票价；20 世纪初，法国的公共交通完全国有化，之后又出现了国家融资和私人融资相结合的形式。第一次世界大战前，特许经营开始出现并在公共交通行业采用。自 1974 年，法国对城市公交体制进行改革以来，政府部门收购公交设施的所有权并负责新的公交设施投资建设，但是经营权仍由专门的运营公司负责。法国主要采取的是将公交运营特许委托给私营企业来管理[12]。1998 年，法国政府颁布《萨班法》以对特许经营项目必须实行公开招标进行竞争做出专门规定[9, 12]。政府在公交特许经营中承担部分风险，并对城市公交服务实行不同程度的补贴，例如，巴黎市政府有完善的公交财政补贴监督机制，不允许具有公益属性的公交企业以盈利为目的[9, 12]。

法国在公共部门干预和私人部门参与之间寻找了一种共同出资、共担风险、有效均衡的方法，较好地把公共部门的责任和私人部门的竞争结合起来[28]。

（3）德国的公交服务改革。

德国的公共交通在历史上也曾经历过政府大包大揽的过程。从 20 世纪 80 年代开始，德国对市政公用行业实行市场化改革，积极推行公私合作（PPP）把竞争机制引进市政公用行业。从城市公交的运营主体看，绝大部分公交公司都是私营企业。在 2003 年 2 月，德国政府出台公司治理方针，规范公司治理机制和竞争行为。德国公交行业市场化改革的重点是放开市场、促进竞争、改善管理，而不是私有化[29]。德国政府选择公交运营商的方法有两种，一是招标，二是指定，其中以招标为主；通过招投标可以选择成本最低、最有效率的公司参与公交运营，合理使用政府为公共交通提供的财政补贴。在政府和公交公司之间设有公共交通联合会，各个联邦州均有公共交通联合会，联合会受联邦州政府委托管理公共交通具体事务[9]。德国区域间的公共交通合作以市场化运作为导向，对公交公司的补助则按城市规模、人口数量等进行分摊。公共交通是德国政府的主要职责之一，主要任务是确定公共交通功能及服务范围，对公共交通进行财政补助，并在公交规划、土地利用方面支持公共交通，而日常事务则由公共交通联合会负责。德国政府对公交的补贴是将城市公交服务定位于公益事业，为了取得社会效率而提供的[12]。通过公交服务的市场化改革和政府的有效监管，德国的公共交通提高了效率，大大加强了吸引力。

（4）美国的公交服务改革。

以市政服务合同外包为主要形式的民营化从 20 世纪 80 年代在美国普遍实施[30]，随后得到了飞速发展[31]。丹佛、休斯敦、印第安纳波利斯、拉斯维加斯、洛杉矶、迈阿密、新奥尔良和圣地亚哥等地[23、24]（见表 2-1）通过对公交服务实施合同承包带来了 20%～50% 的成本节约。美国的国情决定了小汽车是绝大部分城市的主要出行方式，私人汽车的发展使公交乘客数量下降；同时，政府的低票价管制政策致使私人公交企业破产，为维持公交服务水平，地方政府收购了私人公交企业。迄今为止，美国的大部分公交服务是以公共垄断的模式提供的[9]，美国的城市公交企业大多列入政府序列，按政府的一个职能部门进行管理，除享受公职人员待遇外，还享有高退休金、低医疗保险费用的政策待遇。

（5）日本的公交服务改革。

第二次世界大战后，日本的国有企业只是国有行政管理体系中的一个公共服务部门，20 世纪 80 年代日本的国有企业改革，只是作为整个行政改革的一部分开展的[32]。1987 年 4 月，日本对国有铁路进行了分割民营化改革，国铁改革使政府和乘客都受益[33]。一方面，政府甩掉了国铁经营亏损导致的财政负担，同时还获得了可观的固定资产税和法人税等收入；另一方面，绝大多数乘客在票价不涨的情况下享受到更好的出行服务。日本的公共交通实行低票价政策，企业不亏损时不允许涨价，如果有亏损政府给予补贴；每三四年酌情调价一次，调价幅度不得超过20%，调价方案需运输大臣批准。作为低票价的补充，日本政府允许公交企业发挥交通优势，综合开发餐饮、酒店、旅游、房地产等相关产业，用以弥补经营收入的不足[9]。

（6）韩国首尔的公交服务改革。

20世纪80～90年代，随着私家车的发展，韩国首尔公交乘客人数减少了近一半[34]。由于政府的统一收费标准规定，私有公交运营商出现了财政困难。1996年，首尔市政府曾试图对公交系统进行小范围改革，但是对于公交运营效率和服务质量的改善收效甚微[35]。2004年7月1日，首尔市政府针对全市公交系统进行了深化改革[34]，通过改革将公交运营商、管理机构和设施建设整合为一体，提高了运营效率，增加了公交客流，使首尔的公交面貌焕然一新[34]。韩国首尔公交改革包括重整公交线路体系，实施中央公交车专线制度，运用科学管理手段构建巴士管理系统，推行公交运营体制改革[9]。所有的公交运营公司各自组成协调机构签订了需共同遵守的"运行协定"，经与政府部门协商、批注后实施；贯彻"公开透明、自主选择"的原则对新开辟线路通过公开招标以确定经营者，而政府将经营者的收入分配方式由以乘客数量为标准变为以运行里程为标准，调动了运营者的积极性，提高了运营效率。

（7）新加坡公交服务改革。

1965年新加坡独立之前，公共交通处于自由发展时期[36]，成立于1925年的新加坡动力公司（STC）是主要的公共交通公司，郊区的公交服务则由零散的个体户经营。1971年政府颁发《新加坡重组汽车运输服务》白皮书，将11家公交公司合并为三家公司，1973年又进一步整合成一家公司(新加坡巴士公司，SBS)。1982年又成立了第二家巴士公司(Trans Island Bus Service，TIBS)，以加强市场竞争。受"常规公交-轨道交通联合运输"模式的启发[37]，2001年，轨道公司SMRT（Singapore Mass Rapid Transit）

收购 TIBS 巴士公司成立了 SMRT 巴士公司；SBS 公司从 2003 年也开始经营轨道交通，并改名为 SBS Transit 公司。公交服务由这两家上市公司即 SMRT 巴士和 SBS Transit 提供，新加坡的公共交通由此步入市场化道路，政府只进行总体宏观调控，不再过多干预公交运营事务。两家运营公司联合创办协会 Transitlink 制订了详细的公交服务规划，并报送土地交通署（LTA）和公交委员会（PTC）审批，有效地避免了公交与轨道间的重复竞争，有利于常规公交与轨道交通的一体化发展。新加坡的城市公交运营实现了高度市场化，提高了管理运营效率，两家公司没有政府的财政补贴也能很好地运营，并实现盈利[38]。新加坡公交运营模式，是通过运营公司之间的合作及政府的政策调控和有效监督实现的，实现了常规公交与轨道交通的一体化融合，同时又保持了市场竞争，为乘客提供了满意的公交服务[39]。新加坡也因此成为世界著名的"公交都市"。

（8）巴西库里蒂巴的公交服务改革。

20 世纪 50 ~ 70 年代, 巴西对城市公交服务的管制主要靠政府的责任。80 年代，巴西政府尝试单一公交路线的特许经营，城市公交管理机构负责公交线网优化、票价制订和服务标准，规定公交线路的车型、数量和时刻表；私人部门按照管理部门的规定组织公交运营。改革之后的公交由于运营成本太高和交通拥堵反而陷入危机。为了应对该问题，巴西政府从 90 年代开始实施城市公交服务改革，通过法律促进公私部门合作，利用招标创造竞争性的市场环境[12]。其中，库里蒂巴作为世界上最早建成 BRT 系统的城市，在公交发展方面取得了巨大成功，公交出行比例达到了 75%[9]。库里蒂巴采用的是管理与运营相分离、运营适度竞争的模式。库里蒂巴的公交系统由一家属于市政府管理的公交公司（URBS）管理，该公司为公私合营，其中 99% 的股份为市政府所占有，私人占 1% 的股份。该公司总经理由市政府任命，URBS 公司管理的 28 家运营企业都是通过线路招标的形式获得公交运营资格的。所有的公交票款交归 URBS 公司，该公司扣除 4% 的票款作为管理费，而将剩余票款按照里程分配给运营公司[9]。由于良好的运营体系和有效管理，加之规划和土地使用的公交优先政策，库里蒂巴的公交运营业务不断扩大，运营公司常年保持近 10% 的利润，整个公交系统处于良性发展状态。

2.1.2　国内民间资本介入公共交通发展概况

我国公交行业改革历程可以分为四个阶段：公共垄断阶段、经营权层面的改革、公交市场化和公交体制回归[9]。

第一阶段：公交垄断阶段（中华人民共和国成立至 1985 年）。

1978 年改革开放之前，我国的公交公司全部为国营。随着 1978 年改革开放和市场经济的发展，很多公共服务行业逐渐走上市场化道路，导致公交服务成本迅速增长，各城市普遍出现"乘车难"问题[12]。

第二阶段：经营权层面的改革（1985—1995 年）。

在市场改革的大环境下，国家开始调整城市公交服务体制的运营思路。1985 年 4 月，国务院批转了城乡建设环境保护部《关于改革城市公共交通工作的报告》，强调城市公共交通的重要性，提出了解决城市"停车难"、加快改革步伐的五项措施，包括改变独家经营的管理体制、扶持公共交通发展、实行综合治理、城市要考虑发展轨道交通和加强精神文明建设，提出公交在经营方式上可以实行全民所有制下的个人承包，推动公交行业管理和城市公交企业改革。

1985 年之后在较长时间内公共交通服务依然维持公共垄断的形态，直到 20 世纪 90 年代一些城市才开始实行竞争招标，出现了个体经营中巴，城市公交垄断的局面才被打破[12]。1993 年，建设部发布《城市公共客运交通经营权有偿出让和转让的若干规定》（建城〔1993〕386 号文），国有公交企业开始改制；根据中央提出建立社会主义市场经济体制和企业是市场经济主体的要求，建设部在 1993 年发布《全民所有制公共交通企业转换经营机制实施办法》，明确提出实行公共交通专营权制度。1993 年后，公交投资主体多元化得到推进，各种社会资本逐渐进入公交市场。1995 年，建设部颁布《市政公用企业建立现代企业制度试点指导意见》，推动了全国各地公交企业建立现代企业制度的改革。

第三阶段：公交市场化（1996—2005 年）。

该阶段在投融资体制改革的带动下，在国家对公交行业的掌控下，引导民间资本以独资、合作、联营、参股、特许经营等方式，参与公交运营建设[9]。2001 年 4 月 20 日，随着"全国公交行业拍卖第一槌"敲响，兰溪公交以 1440 万元的价格卖给了私人，成为国内第一家民营公交公司[40]。随后，十堰、北京等城市也陆续开始了城市公交服务民营化的改革。国家政策的引导成为公交市场化的主要推动力，成为公交引入民间资本的依据。

国家计委 2001 年 12 月 11 日和 2002 年 1 月相继发布了《关于印发促进和引进民间投资的若干意见的通知》《"十五"期间加快发展服务业若干政策措施的意见》等文件，指导引入民间资本发展服务业；2002 年 12 月 27 日建设部出台《关于加快市政公用行业市场化进程的意见》，对公用事业改革进一步具体化；2003 年 5 月 1 日建设部又发布了《市政公用事业特许经营管理办法》；2005 年 2 月国务院发布《关于鼓励支持和引导个体私营等非公有制经济发展的若干意见》，支持非公有资本积极参与包括公共交通在内的市政公用事业和基础设施的投资、建设和运营。

由于对民间资本市场准入的管制放松，各个城市相继进行了公交市场化改革。各城市的公交企业政企分开，使竞争走上自主经营、自负盈亏的市场化道路。但是该阶段出行分担率低、政府投入不足、部分公交企业亏损严重、规划先天不足和公交结构单一的问题依然存在。

第四阶段：公交体制回归（2006 年至今）。

由于公交行业改革未收到应有的效果，城市交通拥堵等问题日益严重，公交民营化多因财务不可持续而失败[11]。许多城市公交市场化改革被叫停，重新回归为国有公用事业。2006 年 6 月通过资产置换，北京公交重新归入公益性企业；2007 年 1 月 5 日，兰溪市政府十分低调地以 1800 万元收回兰溪市公交，经过五年多的"民营私有"化，使兰溪公交重归"国有独资"的经营模式。其他城市也都陆续清退民营资本，回收共用资源，停止了曾经如火如荼的公交民营化改革。

公交民营化改革的失败是不是代表着市场化的失败，我国城市公交服务是否要回到政府垄断的最初状态？答案是否定的[9, 12, 40]。民营化的失败不是市场化改革的失败，只是我们需要总结经验教训来寻找一种更适合的市场化改革的模式[12]。Savas 认为[15]，有利于发挥公共部门和私人部门各自优势的公私合作关系机制（Public-Private Partnership，PPP），或许是更适合城市公交服务的理想模式。由于公交行业市场化改革往往与民间资本介入相伴随，政府把民营化和放松管制作为改革的主要目标，而没有把是否促进竞争和提供良好公交服务作为改革的评价标准,以及政府作用的忽略,导致公交市场化改革目标难以实现[9]。

从 2010 年后国家发布的新一轮政策(见表 2-3)来看,政府对民间资本介入公共交通等行业依然充满期待,前期改革的失败也不会阻碍新一轮公交市场化改革的趋势。在当前政策环境驱动下,接下来会迎来新一轮的公交市场化改革,公私伙伴关系 PPP 将会成为主要模式。如何吸取国内外公交改革的经验和教训,落实好国家的相关政策值得学者们和管理者们认真思考研究。

表 2-3　2010 年后出台的相关政策

发布时间	发布部门	文件名称	相关内容
2010 年	国务院	《国务院关于鼓励和引导民间资本健康发展的若干意见》(国发〔2010〕13 号)	支持民间资本进入公共交通等领域参与市政公用事业建设
2012 年	交通运输部	《关于鼓励和引导民间资本投资公路水路交通运输领域的实施意见》(交规划发〔2012〕160 号)	鼓励引导民资进入交通运输行业基础设施和交通运输服务领域,支持民资进入城市公交和农村客运等公用事业领域
2014 年	国务院	《关于创新重点领域投融资机制鼓励社会资本的指导意见》(国发〔2014〕60 号)	提出推进公共交通等市政基础设施投资运营市场化,推广政府和社会资本合作(Public-Private Partnership, PPP)模式
2014 年	财政部	《关于推广运用政府和社会资本合作模式有关问题的通知》(财金〔2014〕76 号)	推广应用 PPP 模式,城市基础设施及公共服务领域为重点示范范围
2016 年	财政部和交通运输部	《关于推进交通运输领域政府购买服务的指导意见》(财建〔2016〕34 号)	明确指出通过引入市场机制,将城市公共交通运输服务从政府"直接提供"转为"购买服务",实现公共资源配置效率的最大化
2016 年	交通运输部	《城市公共交通"十三五"发展纲要》	提出按照"规模经营、适度竞争"原则,推进城市公交企业改革,引入市场机制,提高公交服务效率和能力;建立政府购买城市公交服务机制,依法采取特许经营等方式确定经营主体,鼓励采用政府和社会资本合作(PPP)投融资模式进行公交基础设施建设和运营管理

2.2 关于民间资本介入城市公交的相关研究

关于民间资本介入公共交通的研究，尤其是国内期刊发表的相关研究，多以定性分析为主[7,41]，Zhang Shang 等人[41]通过汇总国内外 PPP 相关研究发现，国内期刊相关文献有 63.7%的研究采用了定性分析的方法；国际期刊相关文献有 45.7%的 PPP 研究采用了定性分析的方法。

国内期刊中关于民间资本介入公共交通的研究主要是讨论公交民营化的可行性[10,42,43]、出现的问题及对策[43-46]、政府的角色[47,48]、法律保障[47,49]以及公私合作关系（PPP）模式的应用[50]等（见表 2-4）。而定量方面的研究多是进行成本收益分析（Cost-Benefit Analysis，CBA）和物有所值分析（Value for Money）等财务方面的分析，有其局限性[7]。关于定量分析方法的研究将在 2.4 节具体介绍。

表 2-4　国内期刊发表的关于民间资本介入城市公交的主要研究内容

研究话题	研究人员	研究时间	相关内容
公交民营化可行性	余娜，陈雪	2009	从公交行业、民间资本和政府角度分析了民资介入公交的可行性
	郭磊、李岭	2012	民营公交企业主动退出的主要原因是没有赢利，民营公交成为违章大户而被迫退出，其核心问题也是赢利问题，认为城市公共交通的市场化和公私合作化是世界性的趋势
公交民营化的问题及对策	胡振华、黄婷	2012	认为出现公益性与赢利性不平衡、出现政府责任的民营化，其问题在于缺乏法规制度保障，政府监管不到位，需要法规支持和政府监管，培育有效竞争市场
	魏来	2014	针对我国城市公交民营化的一系列问题提出了相应的对策建议：树立科学的民营化观念、加强法规制度建设、发展多元化经营形式、深化政府监管体制和培育规范的市场机制

续表

研究话题	研究人员	研究时间	相关内容
政府在公交民营化中的角色	章志远	2009	提出地方政府应该在坚守法治精神和契约规则的基础上切实担负起后民营化阶段的责任。民营化的本质是公私部门合作治理，实质就是建立公共部门与私人部门之间的伙伴关系（PPP）
	张湄玲	2014	公用事业民营化在我国具有可行性和必要性，加强政府监管责任是公用事业民营化健康有序进行的保障
公交民营化的法律保障	李政刚	2008	提出公交企业民营化法律规制的对策及立法建议。制定一部对公用企业民营化改革的指导性法规，行业法规与专门立法并举，构建多层次民营化法律体系；推进政府管制的法制化
公私合作关系（PPP）在公交民营化中的应用	李希喆	2014	结合我国国情，发挥政府监管作用下的公私合作机制（PPP），针对存在的问题做好各项配套改革措施，是适合我国公交服务改革的最佳道路，也是多元化资本广泛进入城市公交服务领域的最佳方式

国际期刊发表的关于民资介入公共交通的研究主要是围绕公私合作关系（PPP）展开的。由于私人部门在财务支持、技术能力、革新效率等方面有其自身的优势[51]，越来越多的国家将民间资本引入基础设施的建设和运营中。其中公私合作关系（PPP）由于能够发挥公私部门的优势越来越受到政府管理部门的青睐，是引入民间资本最常用的模式[15, 16]；欧美发达国家[52-55]及众多发展中国家[56-58]普遍认为，PPP模式是引入民资的有效途径。国际期刊公开发表的文献中研究的问题主要包括 PPP 模式的风险分析[59]、评价分析[61-63]、失败分析[62, 64-66]、成功关键因素[51, 67]、法律制度[68]和组织框架[69]等（见表 2-5）。

表 2-5 国际期刊发表的关于民间资本介入城市交通的主要研究内容

研究话题	研究人员	研究时间	相关内容
风险分析	Istemi Demirag, et al.	2011	研究了设计开发、财务、运营和所有权四个方面的风险，其中财务风险是贯穿整个项目阶段的关键风险
	Yongjian Ke, Shouqing Wang, Albert P.C.Chan	2010	汇总了 46 条风险因素，并比对中国内地、中国香港、英国和希腊四个国家和地区的风险偏好。英国的公共部门最有可能将风险转给私人部门；对中国内地和中国香港的相关分析认为，公私部门应对等分担微观风险；对希腊的相关分析认为，私人部门更应应对微观风险
评价分析	Anthony Chen, Kitti Subprasom, Piya Chootinan	2002	使用随机仿真最优化方法，分析了不确定需求下公共交通 BOT 项目的财务可行性。研究对于管理者和私营部门合作 BOT 项目来讲具有指导作用
	Junxiao Liu, Peter E.D. Love	2014	综述了 PPP 的理论和实践，探讨可行的方法，全面有效地衡量 PPP 项目的绩效。论文采用了生命周期评价的方法分析 PPP 项目的绩效
失败分析	Mohsin Ali Soomro, Xueqing Zhang	2013	分析了失败驱动因素之间的因果关系，揭示一个部门的负面行动对另一个部门以及全局的影响。讨论了失败的公交 PPP 项目在公私部门之间如何给对方造成问题
	Mohsin Ali Soomro, Xueqing Zhang	2016	构建了失败机理模型，反映失败的交通 PPP 项目中错误传导的轨迹。根据多重路径回归结果，构建的模型能够反映因果关系的统计显著性和有效性
成功关键因素	Robert Osei-Kyei, Alvert P.C. Chan	2015	汇总比较 1990—2013 年 PPP 项目关键成功因素的研究成果，澳大利亚、英国、中国内地和中国香港是 PPP 关键成功因素研究最多的四个国家和地区。最显著的关键成功因素是强大的私人财团，政治支持，风险分配和共享，社区/公众支持和透明的采购
法律制度和组织框架	Jaime Rall,James B.Reed, Nicholas J.Farber	2010	联邦和州政府，以及国家立法在 PPP 交通项目中的角色，州议员和州执行董事的角色，以及州议员和执行董事在 PPP 交通项目中的共担角色

从国内外期刊发表的关于民间资本介入城市公交的研究可以看出，国际期刊对民资介入城市交通的研究更加深入，有更多的定量和机理方面的研究；而国内期刊在理论深度和定量分析方面的研究有待进一步提升。公共交通领域有其自身的特点，公交管理者、公交运营者和公交乘客三个群体构成复杂的系统，使得公交客流在出行方式选择行为的影响下发生变化。这些公交系统的特性都需要充分考虑，而不能简单地套用国际上成型的市场化、民营化和公私伙伴关系等先进理念，而适合中国国情的公交市场化改革需要更深入的研究和不断的实践探索。

尽管我国的民资介入公交经历了坎坷的历程，但政府以及众多学者对公交市场化改革仍然充满期待，因为公共交通的市场化是世界性的趋势。从国内外期刊发表的研究也可以看出，能够发挥公私部门优势的 PPP 模式日益受到青睐，它将会在未来的公交市场化改革中发挥更广泛的作用。

2.3 民间资本投资模式相关研究

民间资本介入交通行业主要有八种投资模式[70]：运用 BOT，BT 等投资模式，发行地方债券，设立交通产业基金，运用委托贷款，创建交通产业园区，综合开发交通枢纽，建立交通公益基金和实施交通资产证券化。其中 BOT，BT 投资模式属于公私合作关系 PPP 的范畴，是最普遍的投资模式。

PPP 与私有化是有差异的，因为私有化的过程包含产权所有权的完全转移[71]。Xu[72]总结了 PPP 模式及相应的私有部门参与程度（见图 2-1），图的两侧是完全公有和完全私有的极端情况，中间部分是公私合作关系的各种模式。

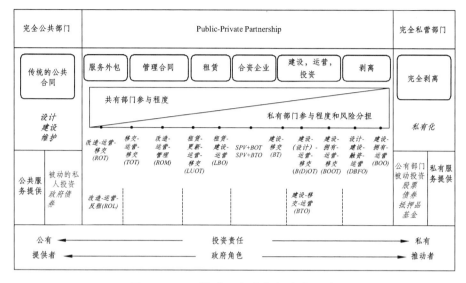

图 2-1　PPP 模式及私有部门参与程度

Percoco[73]将所有的 PPP 合同类型划分为 12 种，即管理合同，租赁合同，改造-运营-转让（ROT），改造-租赁-转让（RLT），建设-改造-租赁-移交（BROT），建设-租赁-移交（BLT），建设-运营-移交（BOT），建设-拥有-运营（BOO），商业（merchant），出租（rental），部分剥离（partial divestitures），完全剥离，并根据私有部门的参与程度和风险从公共部门向私有部门的转移程度将其分成四大类（见表 2-6）。

表 2-6　私有部门参与程度增加时 PPP 合同的分类

随着私营部门参与增加排序	类型	PPP 合同
1	运营与维护	管理与租赁合同
2	特许经营（设施所有权属公共部门）	现存设施的改造，管理和移交设计，建设，管理和移交（与公共部门的服务协议）
3	特许经营（设施所有权归私有部门）	设计，建设，拥有，商业电厂的管理与移交
4	完全私有化	完全或者部分的资产剥离

民间资本介入城市公交的模式相对单一，主要表现在基础设施建设和公交运营服务两个方面[7, 111]。民资介入基础设施建设尤其是城市地铁基础设施建设比较成熟[74]，本书将重点分析民资介入城市公交的运营服务。

2.4　民间资本投资的定量评价方法

以往研究民间资本投资多是定性分析[111]，而定量分析的方法主要是财务分析（Cost-Benefit Analysis，CBA）[75-77]、物有所值分析（Value for Money，VFM）、经济分析[75]、博弈论等，其中财务分析和物有所值分析是最常用的分析方法。

2.4.1　财务分析（CBA）

财务分析，又称财务评价，是项目决策分析与评价中为判定项目财务可行性所做的一项重要工作，是项目经济评价的重要组成部分，是投融资决策的重要依据[75]。财务分析的含义是在现行会计规定、税收法规和价格体系下，通过财务效益与费用（收益与支出）的预测，编制财务报表，计算评价指标，考察和分析项目的财务盈利能力、偿债能力和财务生存能力，以判断项目财务的可行性，明确项目对财务主体及投资者的价格贡献[75]。图 2-2 给出了财务分析的步骤及财务分析、投资估算和融资方案各部分间的关系。首先要做的是融资前的项目投资现金流分析，可行的话进一步考虑融资方案；融资后分析是比选融资方案，进行融资决策并确定投资者投资的依据[75]。

作为广泛应用的价值评价方法，CBA 已经比较成熟，但该方法的计算工作量大，在数据来源、定价准确性方面存在一定的弊端，使使用受到限制[27]。传统的公共项目采购决策中会采用 CBA 方法来评测所有的经济收益、风险和成本支出，主要是将资金的时间价值折算成资金的净现值

（NPV）。除此之外，较少有其他因素被考虑进计算过程的。最初的 CBA 方法是无法判断对特定项目采用不同采购模式时的优劣的，目前，国际上应用 CBA 评价方法的国家和地区并不多[27]。澳大利亚在决策是否进行基础设施项目建设时，会使用该方法，但是在选择传统政府采购和 PPP 模式时，会使用公共部门比较基准（Public Sector Canparator, PSC，物有所值 VFM 常用的评价方法）进行决策。Proost[77]，Mounter[76]等人研究了用 CBA 方法来分析民资投资交通项目的财务可行性。

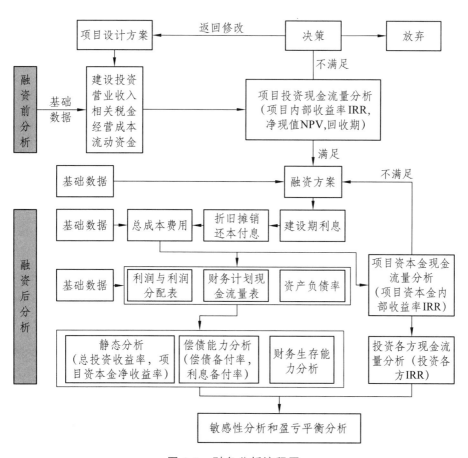

图 2-2　财务分析流程图

2.4.2 物有所值（VFM）

VFM 是国际上普遍采用的一种评价传统上由政府提供的公共产品和服务是否可用政府和社会资本合作 PPP 模式的评估体系，旨在实现公共资源利用效率最优化[27, 78]。物有所值的内涵经历了两个发展阶段，目前，被广泛应用于西方国家的公共采购审计中。起初，VFM 的含义是获得货物与服务的总价，20 世纪 60～70 年代主要被公共审计部门用于衡量公共政策执行中的费用是否超支。20 世纪 80 年代，西方国家发起了新公共运动，民间资本开始进入公共管理领域，此时 VFM 广泛用于公共采购审计中。

VFM 常被认为是选用 PPP 模式与选用传统采购模式相比节省的货币价值，如果是正值，说明该项目可以选用 PPP 模式；如果是负值，则放弃该项目[79]。英国财政部给 VFM 下的定义[80]是"为了满足用户的需求，对产品或服务的整个生命周期成本和质量（或适合于目的）的最佳组合"。PPP 模式自创立之初就以 VFM 作为其标志性特征，VFM 的有效实施成为 PPP 模式不同于其他模式的显著特点。英国最早将 VFM 应用到公共基础设施项目采购模式的比选中，形成了一套规范的 VFM 评估指南。不同国家结合本国的具体情况形成了符合当地实际的 VFM 评价系统。我国财政部于 2015 年也发布了《PPP 物有所值评价指引（试行）》（财金〔2015〕167 号），给出 PPP 项目物有所值的计算流程（见图 2-3）以评测 PPP 项目的可行性。其中的定性评价常采用专家打分的方法（见表 2-7），原则上，评分结果在 60 分（含）以上的，通过定性评价；否则未通过定性评价。

VFM 常用公共部门比较基准（Public Sector Canparator，PSC）来评价 VFM 的值。在采用 PPP 模式与采用政府传统投资方式产出绩效相同的前提下，通过对 PPP 项目全生命周期内政府方净成本的现值（PPP 值）与公共部门比较值（PSC 值）进行比较，判断 PPP 模式能否降低项目全生命周期成本。PPP 值等同于 PPP 项目全生命周期内股权投资、运营补贴、风险承担和配套投入等各项财政支出责任的现值，参照《政府和社会资本合作项目财政承受能力论证指引》（财金〔2015〕21 号）及有关规定测算。

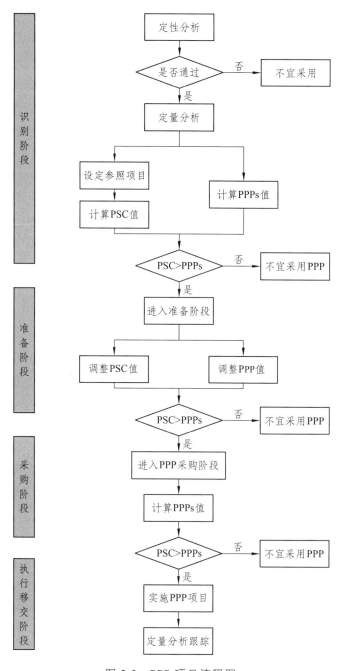

图 2-3 PPP 项目流程图

表 2-7　物有所值定性评价专家打分表

指标	权重	评分
1. 全生命周期整合程度		
2. 风险识别与分配		
3. 绩效导向与鼓励创新		
基本指标　4. 潜在竞争程度		
5. 政府机构能力		
6. 可融资性		
基本指标小计	80%	——
补充指标		
补充指标小计	20%	
合　计	100%	——
专家签字：		时间：

PSC 值是参照项目的建设和运营维护净成本现值、竞争性中立调整值和项目全部风险成本等三项成本的全生命周期现值之和，公式为：

$$PSC\ 值 = 模拟项目的建设和运营维护净成本的现值 +$$
$$竞争性中立调整值的现值 +$$
$$PPP\ 项目全部风险承担成本的现值 \qquad （2-1）$$

$$VFM = PSC\ 值 - PPP\ 值 \qquad （2-2）$$

如果 VFM 值大于 0，说明 PPP 模式比传统采购有效率，可以采用 PPP 模式；如果 VFM 值小于 0，说明 PPP 模式与传统项目经营模式相比，不能提高效率，可以不采用 PPP 模式。因此，如何使 VFM 值最大化是项目前期经济评价的核心内容，是引入 PPP 的重要前提[27]。

国外学者对 VFM 做的研究比较深入，目前已经很成熟。例如，Berger[81]

研究了通过比对传统公共采购和 PPP 模式来如何获取 VFM；Bidne[78] 对 VFM 做了分析，以指导更有效的 PSC 和 PPP 评价；Soomro[82]研究了 VFM 驱动下的交通 PPP 项目的可行性。国内学者对 VFM 的研究起步较晚，随着 PPP 模式的引入，VFM 在近几年逐渐成为研究的热点。郭上（2015）[83]研究了我国 PPP 模式的物有所值评价框架；陈思阳和王明吉（2016）[84]在总结国际与我国运用物有所值评价体系现状的基础上，通过分析应用此评价体系时出现的问题，进而提出合理的解决措施，以期完善物有所值在 PPP 项目中的应用。广受欢迎的 VFM 分析将会有助于 PPP 模式在民资介入公共交通的推广应用。但是对于公共交通项目来说，由于其公益属性和公交客流群体在出行方式间的转移特性，还需要一些交通理论的分析手段作为有效的补充。

2.4.3　经济分析

经济分析，又称国民经济评价，是对投资项目进行决策分析与评价，判定其经济合理性的一项重要工作。其具体含义是：按照合理配置资源的原则，采用社会折现率、影子汇率、影子工资和货物影子价格等经济分析参数，从项目对社会经济所做贡献以及社会经济为项目付出代价的角度，识别项目的效益和费用，分析计算项目对社会经济（社会福利）的净贡献，评价项目投资的经济效率，也即经济合理性[75]。

经济分析能够反映项目对社会福利的净贡献，评价项目的经济合理性，有助于实现企业利益、地区利益与社会利益的有机结合和平衡。具有社会公益属性的公共交通系统有助于社会福利的提升，在公交项目投资和补贴的时候应该考虑其社会公益属性的一面，考虑出行者的时间价值转换以及对社会福利的提升并将之作为补贴的重要依据。但是民资介入公交的分析多是财务分析，出行者的时间价值、节能减排等非财务成本收益在定量分析评价的时候有所忽略[80, 85]，这也是目前已有研究的不足之处。

2.4.4　博弈分析

博弈论（Game Theory）又称对策论，既是现代数学的分支，也是运筹学的一个重要学科。主要研究公式化了的激励结构间的相互作用，是研究具有斗争或竞争性现象的数学理论和方法。博弈论考虑个体的预测行为和实际行为，并研究他们的优化策略。基本概念包括局中人、行动、信息、策略、收益、均衡和结果等，其中，局中人、策略和收益是最基本的要素，局中人、行动和结果统称为博弈规则。

博弈论在民资投资分析中的应用，主要在竞标谈判[86, 87]、价格制订[27, 88]、政府补贴[27, 88]、运营者间的竞争博弈[89-92]和风险定位[93]等方面。

在竞标谈判方面，Chao-Chung Kang[86]等利用三阶段拍卖博弈模型来分析交通 PPP 项目的谈判过程；Shen[87]等人将讨价还价博弈理论应用到 BOT 类型合同特许经营周期的谈判中，能够得出具体的特许经营周期。

在价格制订和政府补贴方面，汪文雄[87]构建了城市交通基础设施 PPP 项目博弈定价模型，该模型考虑了出行者时间、舒适度、便捷性、服务质量、安全度、准点度及票价多个因素在博弈过程中对出行者广义成本的影响，较以往博弈中考虑的因素更加全面；但是该模型定价单一考虑市场竞争因素，没有考虑 PPP 特许公司投资的目的及特许权协议经济因素对价格的影响；此外，前提假设也是决策者完全理性，有一定的局限性。汪文雄[87]还构建了城市交通基础设施 PPP 项目政府补贴或收益分配模型，并进行了求解；另外，还考虑了腐败情况下政府补贴合谋的情况；其研究结果对城市交通基础设施 PPP 项目政府补贴机制设计提供了理论依据。学者陈辉[27]在专著《PPP 模式手册》中也总结了博弈理论在 PPP 项目政府定价和政府补贴或收益分配的应用。

关于运营者的竞争研究，Hai Yang（2000）[90]考虑了容量限制的公交线路服务，构建的竞争管制公交服务模型有助于帮助私人运营者知道什么情况下公交线路是可行的、盈利的，也可以使公共部门把握公交线路如何使私人运营者、乘客和整个社会受益。Judith Y.T. Wang 和 Hai Yang[89]在 2005 年用博弈理论研究了放松管制的公交市场的运营者间的竞争，公交市场放松管制的影响主要是给社会带来了收益和社会成本。Athena

Roumboutsos[91]用博弈理论分析公共的或私人的公交运营商的运营整合策略，有助于帮助公交政策决策者通过考虑公交运营整合策略来提高运营效率。Xiaowei Hu[92]用博弈方法分析城市客运市场竞争环境下，不同运营者的运营行为。

在民间资本投资的风险定位方面，Francesca Medda[93]用博弈理论分析了交通基础设施协议中公私部门的风险分配过程。此外，还有学者使用人工神经网络来研究风险定位，Jin xiaohua[94]用人工神经网络的方法研究了PPP项目的最优风险分配问题。

上述定量评价方法CBA、VFM和经济分析多是针对PPP项目的经济和财务方面的，忽视了其他非财务方面的成本和收益。对于公交系统来说，乘客的时间价值、节能减排等非财务方面的因素也应予以考虑。这些非财务方面的因素在后续章节会考虑到。虽然使用博弈论的部分研究考虑了乘客的出行时间、舒适性等因素，但是模型假设的前提是决策者的完全理性，存在一定的局限性，在第6章我们将使用决策者有限理性假设的演化博弈理论进行定量分析。

2.5 相关概念及理论依据

2.5.1 市场化、民营化、私有化和公私伙伴关系（PPP）

市场化、民营化、私有化、公私伙伴关系（PPP）都源起于西方，这几个概念既相互区别又紧密联系。周义程和李阳（2008）[95]曾对市场化、民营化和私有化三个概念做了概念辨析，具有一定的参考价值。

市场化[9，13]是充分发挥市场在资源配置中的作用，是一种以市场需求为导向，竞争性的优胜劣汰为手段，实现资源合理配置、效率最大化的经济运行机制。市场化的本质是打破垄断，引入竞争，提高效率。

民营化[14，15]是在产品/服务的生产和财产拥有方面减少政府作用，增加社会其他机构作用的行动。民营化可界定为更多依靠民间机构，更少依赖政府来满足民众需求。

私有化[71]是设施所有权归私有部门或私人所有，涉及所有权归属问题。斯蒂夫·汉克[96]认为，公共服务私有化意味着"资产服务功能由公营部门转移到私人手中。因此它包括了从出售国有企业到公共事业承包给私人承包者等一系列做法"。从图 2-1 也可以看出，最右侧的情况是产权完全剥离归属私有部门。

关于公私伙伴关系，世界银行给出的定义[16]（PPP）是公共部门和私人部门通过合作的形式提供公共产品或服务，通过发挥公私部门各自的优势，来实现风险共担、利益共享和责任分配。伙伴合作是该模式的显著特点。

市场化是经济发展的趋势，因为市场化的本质是打破垄断，引入竞争，有利于提高效率。民营化、私有化和 PPP 都是市场化的具体形式，都是吸引民间资本的手段，不同之处在于 PPP 强调了公共部门和私人部门之间的合作关系，而民营化和私有化没有强调公私部门的合作，私有化比民营化更强调所有权归属，民营化不一定将所有权归属私有部门。如果私有化和民营化造成了少数私有部门的垄断局面，这显然不是市场化的目标，市场化的突出特点是引入市场竞争的机制。单纯的民营化或者私有化，如果缺少了监管，就会造成私有化下的垄断，这不是市场化所期望的。所以，公交行业进行市场化改革一定要防止新的垄断产生，需要政府的监管，以保持市场竞争。公交企业是否效率高、服务质量好，并非取决于其所有制形式，而与公交行业是否存在竞争机制、公交企业是否有发展动力密切相关[9]。由于 PPP 兼顾了公共部门和私人部门的优势，存在政府的监管，又有市场化的竞争，因此，越来越受到管理者们的青睐。

2.5.2　城市公交服务供给理论

城市公交服务在属性上是介于纯公共物品和私人物品之间的准公共物品，准确地说是属于准公共物品中的俱乐部物品[12]（见表 2-8）。首先，城市公交服务在消费上具有一定程度的非竞争性，乘客乘坐公交时不会妨碍其他乘客的乘车消费；一定范围内，增加一位乘客不会增加公交的成本，边际成本等于或者接近于零。其次，城市公交还具有一定的排他性，实行用者付费，消费者需要购买车票才能乘车；但是对于老人、学生、残疾人和军人，有购票的优惠。所以说，城市公交服务作为一种准公共物品具有一定的公益性，而作为一种俱乐部的准公共物品可以进行收费具有一定的经济效益性。

表 2-8　准公共物品的特性

类型	特征	实例
竞争性物品	竞争性、非排他性	公共池塘资源
排他性物品	排他竞争性、非竞争性	有线电视、电话
俱乐部物品	排他性、非竞争性、拥挤	公共游泳池、桥梁

关于城市公交服务供给的理论基础，主要有以下几种：

1. 公共垄断

公共垄断曾经是世界上通行的城市公交服务提供模式，特别是第二次世界大战结束至 20 世纪 80 年代，世界上大部分国家，不论是资本主义国家还是社会主义国家，发达国家还是发展中国家都由国家垄断经营。理论上讲，城市公交服务公共垄断供给的理论依据归结为两点：一是城市公交服务有规模经济的特征；二是由公共部门提供城市公交服务可以更好地体现公益性，维护社会公平[12]。

但是传统的公交服务政府垄断有明显的弊端，首先是政府财力有限；其次是政府垄断阻碍了竞争，降低了公交运营效率；还有就是垄断不利于服务质量的提升。因为从市场与政府作用的比较而言，市场在效率方面是最擅长的，而政府则比较擅长公平。在城市公交服务方面，政府效率并不高，这既体现在对城市公交服务的提供上，也体现在政府自身的工作效率方面[9]。政府在生产和提供公交服务的时候几乎不存在竞争者，潜在地失去了提高服务生产效率和服务质量的激励，也失去了降低公交服务价格和削减公交服务成本的动力。图 2-4 从理论上对垄断降低经济效率进行了分析[9, 12]。

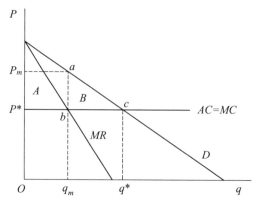

图 2-4 垄断与低效率的理论关系

图中，横轴 q 表示产量，纵轴 P 表示价格，曲线 D 和 MR 分别表示垄断厂商的需求曲线和边际收益曲线；假定平均成本等于边际成本且固定不变，即 $AC = MC$。垄断厂商的利润最大化要求边际收益等于边际成本，因此，厂商的均衡点是(P_m, q_m)。显然，垄断价格 P_m 高于边际成本 MC。而在一个竞争市场中，价格必须等于边际成本，因而竞争价格和产量(P^*, q^*)由平均收益（即需求）曲线与边际成本曲线的交点决定。垄断时价格较高，但是消费者的购买量较小，较高的价格导致消费者丧失了由 P_mabP^* 组成的四边形 A 的消费者剩余，并且那些在价格 P_m 没买而在 P^* 上会购买的消费者也损失了消费者剩余，这部分的数量是由 abc 组成的三角形 B，因此，消费者剩余损失为 $A + B$。不过，生产者通过卖较高的价格获得了四边形 A 的收益，可见剩余的净损失 B 就是垄断造成的无谓损失。即使把垄断者的利润通过税收征收掉，再分配给产品的消费者，也造成了一定的非效率，因为垄断产量 q_m 要比竞争时的产量 q^* 低。上述的无谓损失 B 就是这种非效率的社会成本。

从帕累托效率角度看，垄断厂商利润最大化的 a 点并没有达到帕累托最优。垄断竞争下的均衡价格 P_m 大于边际成本 P^*，意味着额外单位产量对于消费者的价值大于生产这些单位的成本，当产量扩大到需求曲线与边际成本曲线的交点 c 时，总剩余可以增加 B，即存在帕累托改进。在竞争性均衡点 c 上，由于产量增加会使消费者剩余的增加小于生产者剩余的减少，使总剩余减少，因此(P^*, q^*)点是帕累托最优点。

此外，垄断还会带来 X-非效率。"X-非效率"是由美国哈佛大学教授哈维·莱宾斯坦（Harvey Leeibenstein）[97]提出来的。他认为，追求成本最小是竞争市场经济条件下企业的行为特征，但没有市场竞争压力下的受庇护的垄断者却没有追求成本最小的愿望。垄断者的行为很可能使成本最小化和利润最大化的目标难以实现，导致资源配置效率降低，莱宾斯坦称这种状态为"X-非效率"。西方市场理论也表明[9]，一个行业内企业数量越少，其市场垄断程度越高。垄断企业在缺乏市场约束机制的情况下，就会放松内部管理和技术创新，导致生产和经营的低效率。图 2-5 给出了垄断与 X-非效率的理论关系图。

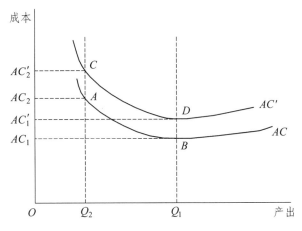

图 2-5　垄断与 X-非效率的理论关系

如图 2-5，横轴表示生产的产出，纵轴表示生产成本，如果公营企业运用资源效率较高，在产出水平为 Q_2 时，平均成本为 AC_2，但是由于缺乏市场竞争，其内部产生"X-非效率"，当他生产 Q_2 时，平均成本则为 AC_2'。类似地，当产出水平为 Q_1 时，平均成本可以降低到 AC_1，但垄断厂商的平均成本是 AC_1'，即"X-非效率"产生的企业成本负担反映在 C 点与 A 点、D 点与 B 点的差距上，主要表现在生产费用和非生产费用的浪费方面，其中，生产费用方面的浪费包括生产要素购买过程中大量额外交易费用、生产过程中各个环节的低效率、管理费用方面的浪费等。

2. 公共选择理论和新制度经济学理论

第二次世界大战后，凯恩斯理论危机导致新自由主义经济学浪潮兴起。新自由主义经济学主张恢复自由、放任，反对国家干预，公共选择理论应运而生。公共选择理论又称理性选择理论，是 20 世纪 70 年代一种"新政治经济学"，80 年代广泛应用于公共管理和公共政策领域，代表人物是布坎南和图洛克。公共选择理论认为，没有任何逻辑理由证明公共服务必须由政府官僚机构提供，摆脱困境的最好出路是打破政府的垄断地位，建立公私机构之间的竞争[98]。

公共选择理论关注的中心是政府与社会的关系，主张打破政府的垄断地位，将政府的一些职能释放给市场和社会，建立公私之间的竞争，通过政府与市场关系的重组来改革政府[99]。从引入竞争机制角度看，城市公共服务市场化改革是解决公交效率低、服务差的较佳途径。公共选择理论成为支持公共服务市场化改革最坚实的理论武器[9, 12]。

新制度经济学理论从 20 世纪 70 年代起步开始，逐渐发展为当代经济学研究的前沿领域。委托代理理论、产权理论和交易成本理论是新制度经济学的主要分析理论。

委托代理理论为公共服务市场化改革提供了新的取向，主张在公共服务领域引入代理人理念，把公共服务领域推向市场竞争，打破政府垄断。产权理论认为，市场机制是一个竞争的机制，而市场竞争的关键是产权，产权制度为市场机制的存在创造基础。因此，市场经济的制度安排，本质上是产权制度的安排，产权界定不清问题的出现在所难免。产权理论明确了公共服务改革的方向是机制的市场化，而不是产权的私有化或者政府作用的市场化。交易成本理论对公共服务改革的影响主要表现在交易成本成为衡量政府服务效率的重要指标。是否实行市场改革，是否把公共服务的提供和生产功能分离，主要看两种成本的相对值：当交易费用小于官僚制成本时，认为是可行的；反之认为是不可行的。

3. 新公共管理和新公共服务理论

20 世纪 80 年代，西方国家在对市场失灵与政府失灵进行纠错的基础上，掀起了"重塑政府""再造公共部门"为目标的新公共管理、新公共服务和治理理论运动。这些理论对公私合作机制产生了广泛而深远的影响[12]。

随着 20 世纪 80 年代西方各国行政改革的开展，已有行政学理论无法解释现实中的新问题，新公共管理理论应运而生。新公共管理理论以经济学、私营部门管理理论为基础，而经济学和私营部门管理理论的基础是市场机制，主张利用市场的竞争机制和效率机制来改善公共部门管理，这成为新公共管理的基本取向。新公共管理理论对管理持有两个理念：管理的自由化和市场化。新公共管理理论提出，官僚体制并不是治理公共部门的最有效方式。

新公共管理理论最大的贡献是把市场理念引入公共服务领域，打破了长期以来形成的政府垄断公共服务的神话，为公共服务市场化改革开辟了理论先河。以美国著名公共行政学家 Robert·B·Denhardt 为代表的公共行政学者，在对新公共管理进行矫正批判的基础上形成了一种新的公共行政理论——新公共服务理论。所谓的"新公共服务"，是关于公共行政在以公民为中心的治理系统中所扮演的角色的一套理论。该理论认为，政府的作用是服务而不是掌舵，提倡政府与公民、社区开展广泛的合作来共谋公共服务的治理之道，实现多中心的治理。

新公共服务理论为公共服务市场化的多中心治理机制提供了理论支持，尤为强调了在市场化当中的公共责任和公共利益。

4. 自由市场供给

20 世纪 80 年代，随着新公共管理和新公共服务运动浪潮的掀起，西方政府公共服务市场化改革随之而来。在城市公交领域引入竞争机制，提高质量，降低成本，成为各国共同追求的目标。

自由的市场供给与政府垄断供给可以说是两个极端：一个完全依靠政府；一个完全依靠市场。城市公交服务自由市场供给理论认为，政府可以不用对其管制，凭借市场竞争就可以提高效率和约束企业的行为。随着自由市场竞争在城市公交服务领域的运用，证明了市场这只"看不见的手"并没能很好地调节城市公交服务的供给。虽然自由市场竞争可以降低公交服务的运营成本，但是对于服务效率和质量没有太明显的效果，城市公交服务陷入恶性竞争的状态，随之带来诸多负面影响。也就是说，完全自由的市场竞争对于城市公共交通服务的供给来说，不是最优的选择[12]。

5. 公私合作机制

公私合作机制是 20 世纪 90 年代西方国家政府治理创新中出现的概念。英国率先提出公司伙伴关系的概念。1992 年，英国首次提出私人主动融资（Private Finance Initiative，PFI）并鼓励私人投资，且以公共部门和私人部门签订长期服务合同的形式来吸引私人资本。PFI 是 PPP 的一种主要形式，早起被认为是公私合作机制的代名词。1997 年 5 月，英国政府正式提出 Public-Private Partnership，简称 PPP。

公私合作机制已经发展为世界性潮流，在全球得到了广泛的应用[12]。然而，由于公私合作机制本身是一个宽泛的概念，加之不同地区意识形态差异，世界范围很难有一个统一的确切定义。表 2-9 给出了国际上比较常用的公私合作机制的定义。

关于 PPP，我国也没有统一的定义。发改委《关于开展政府和社会资本合作的指导意见》（发改投资〔2014〕2724 号）认为，PPP 模式是政府为增强公共产品和服务供给能力、提高供给效率，通过特许经营、购买服务、股权合作等方式，与社会资本建立的利益共享、风险共担及长期合作关系。财政部《关于推广运用政府和社会资本合作模式有关问题的通知》（财金〔2014〕76 号）认为，PPP 模式是在基础设施及公共服务领域建立的一种长期合作关系。模式通常是由社会资本承担设计、建设、运营、维护基础设施的大部分工作，并通过"使用者付费"及必要的"政府付费"获得合理投资回报；政府部门负责基础设施及公共服务价格和质量监管，以保证公共利益最大化。全国咨询工程师（投资）职业资格考试教材编写委员会综合财政部、发改委的定义，归纳 PPP 模式为"政府和社会资本在风险分担、利益共享基础上建立并维护长期的合作伙伴关系，通过发挥各自的优势及特长，最终为公众提供质量更高、效果更好的公共产品及服务的一种项目投融资方式[100]"。世界银行的 PPP 定义跟我国的 PPP 定义比较接近，鉴于应用的广泛性和国际通用性，我们在本书中使用世界银行的 PPP 定义。

表 2-9　国际上常用的 PPP 定义

定义机构	PPP 的定义
联合国培训研究院	PPP 涵盖了不同社会系统倡导者之间的所有制度化合作方式，目的是解决当地或区域的某些复杂问题
世界银行	公共部门和私人部门通过合作的形式提供公共产品或服务，通过发挥公私部门各自的优势，来实现风险共担、利益共享和责任分配
欧盟委员	PPP 是指公私部门之间的一种合作关系，其目的是提供传统上由公共部门提供的公共项目或服务
英国财政部	① 指在国有企业引入私人所有制的协议；② 指私人融资计划和其他一些协议；③ 指在更广泛的市场上出售政府服务和其他合作协议
美国 PPP 全国理事会	PPP 是指公共机构（联邦、州或地方）与私人部门实体之间的一个契约协议。通过这个协议，双方共享彼此的技术、资产，以便为广大公众提供服务和设施便利。除了共享资源以外，双方还在提供服务和设施便利的过程中共担风险、共享收益
加拿大 PPP 全国委员会	PPP 是指公共部门和私人部门之间的一种合作经营关系，它建立在双方各自经验的基础上，通过恰当的风险承担、利益共享和责任分配，最好地满足实现清晰界定的公共需求

　　城市公交服务的公益属性决定了它不能完全脱离政府，而公交服务的经济属性决定了其可以由市场来生产。因此，政府与市场结合各自优势形成的公私合作机制是城市公交的理想选择[12]。城市公交作为一种公共服务，同其他公共服务一样可以把服务的提供和生产分开，即政府负责提供城市公交服务，而具体生产公交服务交给市场进行。

2.5.3　非集计模型基本理论

　　常用的行为选择理论，主要有非集计模型理论[101-103]、博弈理论[104-107]、前景理论[108-110]和计划行为理论[111-113]。此外，也有学者用元胞自动机来仿真行人的运动特性和行为[114]。目前，公交出行者方式选择行为研究中，应用最广的是期望效用理论，主要考虑出行者特性和不同方式出行成本来建立方式选择模型[101-103，115-117]。基于期望效用理论的非集计选择模型在出行方式选择行为中被普遍应用。国内学者关宏志（2004 年）[103]出版了关于非集计模型的专著；郑常龙（2013 年）[115]研究了基于效用理论的城市居民出行方式选择行为；薛运强（2013 年）[116]以济南市公交系统为例研究了基于非集计模型的影响公交分担率的关键因素，另外，薛运强（2012 年）[117]还研究了基于非集计多项 Logit 模型的调查样本容量选择。国外学者对基于期望效用理论的非集计模型研究得非常深入，Moshe，Ben-Akiva[101]，Kenneth E. Train[102]等都做出了深入而系统的研究，其研究成果均是该领域的经典和权威。

非集计模型的理论基础是消费者需求微观经济理论与 Thurstone，Marschak 和 McFadden 发展的随机效用理论，包括决定论类型和概率论类型。其中，决定论类型中有数量化理论和判别分析等，这在日本以外的其他国家应用得较少；概率论类型，其代表性模型为 Logit 模型和 Probit 模型。因为 Logit 模型在理论上对个人行为的研究具有较强的说服力，且结构较为简单，操作方便，理论成熟，应用广泛，因此，本书采用 Logit 模型进行出行方式选择建模。

（1）非集计模型的基本假定。

非集计模型是基于如下的两个基本假设建立的。首先，非集计模型中假设出行者是交通行为意志决定的最基本单位。其次，决策者总是选择其所认知到的效用最大的方案。

（2）Logit 模型的构建。

假设效用函数的概率项服从二重指数分布时，即可得到 Logit 模型。

假设第 $i(i = 1, 2, \cdots, I)$ 种选择方案对出行者 $n(n = 1, 2, \cdots, N)$ 的效用为 U_{in}，那么出行者 n 选择 i 方案，如果选择方案 i 对出行者 n 的效用最大，即：

$$U_{in} > U_{jn}, \quad \forall j \neq i \qquad (2\text{-}3)$$

在随机效用理论中，U_{in} 为概率变量，通常将它分为概率项（随机变化部分）ε_{in} 和固定项（非随机变化部分）V_{in} 两部分，并假设它们呈线性关系。即：

$$U_{in} = V_{in} + \varepsilon_{in} \qquad (2-4)$$

此时，根据效用最大化理论，出行者 n 选择方案 i 的概率为：

$$P_{in} = \mathrm{Prob}(U_{in} > U_{jn}; i \neq j, j \in A_n)$$
$$= \mathrm{Prob}(V_{in} + \varepsilon_{in} > U_{jn}; i \neq j, j \in A_n) \qquad (2-5)$$

其中 $0 \leqslant P_{in} \leqslant 1, \sum\limits_{i \in A_n} P_{in} = 1$.

假设 ε 服从 Logistic 分布，可以推导出 Logit 模型。考虑到多种交通方式竞争，构建多项 Logit 模型（ML 模型），模型形式如下：

$$P_{in} = \frac{\mathrm{e}^{V_{in}}}{\sum\limits_{i \in A_n} \mathrm{e}^{V_{in}}} \qquad (2-6)$$

（3）参数选择。

假定效用确定项 V_{in} 共由 k 个特性变量确定：

$$V_{in} = \theta_1 X_{i1} + \theta_2 X_{i2} + \cdots + \theta_k X_{ik} \qquad (2-7)$$

其中变量系数 θ 可以用来描述单一变量对预测因变量的影响。当 θ 值为正数时，表明该变量增加时，方式 i 增加出行者的效用值；当 θ 为负数时，表示该变量增加时，方式 i 减少出行者的效用值。

以上模型要通过极大似然估计[Maximum likelihood estimation（MLE）]法才能得出回归系数 $\theta_1, \cdots, \theta_k$ 的值；MLE 是计算 Logistic 回归系数的典型方法，通过寻求 loglikelihood(LL)[2] 对数似然函数的最大值，来求解给定样本观测数据的参数估计。

2.6　小　结

本章综述了国内外民间资本介入公共交通的发展概况，民间资本介入公共交通的常见研究问题，民资投资的常用模式，以及民资投资的常用定量评价方法。了解民资介入公交的国际经验，并分析已有研究的不足，为后续提出考虑乘客价值的民资介入模式以及拓展民资介入公交的定量评价方法提供了基础和依据。

此外，本章对市场化、民营化、私有化和公私伙伴关系四个概念进行了辨析，对公交市场化改革的理论依据：公交服务供给理论，以及居民出行方式选择的常用理论：非集计模型理论进行了总结阐述，为准确把握公交市场改革的理论背景和后续工作展开打下了理论基础。

第 3 章　居民出行与
公交运营补贴数据

为了定量分析民间资本介入公交的效果，需要收集必要的基础数据。根据以往民间资本投资定量分析[75-77]使用的数据，结合城市公共交通自身的特性以及数据获取的可行性，我们主要收集城市居民出行数据、公交运营数据和公交补贴数据三大类数据。结合国内外相关理论和实践经验，以济南市公交为例，说明三大类数据的来源以及具体的数据内容。这些数据对于定量把握公交出行特征、方式之间的转化规律，以及分析公交经营的成本和收益具有重要的科学依据[118]。

3.1　居民出行数据

居民出行数据对于把握城市交通脉搏、揭示城市经济活动规律，了解现行交通特征和分析潜在交通问题具有重要作用。基于现行居民出行特征的交通出行需求预测是制订交通政策最具影响力的定量依据[118]。

随着科学技术的进步，获取城市居民出行特征数据的手段已从传统的入户调查[118,119]，发展为结合手机信令[120,121]、手机 APP[122]、车载 GPS[123]、公交（地铁）IC 卡刷卡数据[124]等信息化手段进行调查。

3.1.1　居民出行调查数据

居民出行调查数据主要从调查报告、公开报道和已发表的研究成果中获取。每隔一段时间的综合交通调查（或居民出行调查）为数据获取提供了保障。

国内外大、中城市基本上每隔一段时间都会做一次综合交通调查,用以指导城市交通政策的出台和交通发展规划的编订[118]。美国联邦政府先后实施了八次全国性的家庭出行调查(分别在 1969 年,1977 年,1983 年,1990 年,1995 年,2001 年,2009 年和 2016 年),为政策制订者和交通规划人员提供了全面的居民出行数据和相关交通数据[125],所有调查数据都会免费向社会公开发布。美国还出版了《交通调查指导手册》用以指导全国的交通调查工作[126]。表 3-1 是美国综合交通调查的项目及内容。

表 3-1 美国综合交通调查项目

调查项目	调查内容
居民出行调查	城市居民出行,居民中长距离出行
车辆出入口调查	出入口道路交通流量和流向
公交调查	常规公交、轨道交通经营数据
商用车辆调查	出租车,货车运量,出发地、目的地
工作地调查	工作地出行情况
特殊吸引点、流动人口调查	流动人口出行情况
停车调查	公共停车场泊位、周转率、利用率

日本是持续开展居民出行调查较好的国家之一,日本的国土交通省负责以居民出行调查为主的大都市圈综合交通调查工作[125]。1967—2010 年间,日本共对 62 个都市圈进行了 125 次居民出行调查。东京都市圈从 1968 年到 2008 年共开展了五次居民出行调查,每 10 年一次。日本发布的《综合交通调查指南》可以用来指导全国性的交通调查工作[127]。表 3-2 给出了日本交通调查的项目和内容。

表 3-2　日本综合交通调查项目

调查名称	调查主体	调查目的	交通相关项目	调查间隔/年
人口普查	总务省	人口统计	就业及上学交通方式；常住人口和就业上学人口；居住地和就业上学地	10
都市圈 PT 调查	国土交通省城市建设局，都市圈交通委员会	综合交通规划	都市圈居民出行状况；都市圈物资流动状况	10
交通量调查	国土交通省道路局	干线道路网规划	道路基本状况；交通量；出行速度	5
汽车 OD 调查	国土交通省道路局	干线道路网规划	汽车出行 OD	2~3
停车调查	国土交通省道路局	干线道路网规划	停车场状况	约 5
全国城市交通特征调查	国土交通省城市建设局	城市规模与交通特征相关性	城市居民出行状况（小样本调查）	约 5
货物纯流动调查	国土交通省道路局	综合交通设施建设规划	年度货运状况；货物流动状况	5

　　国内，北京、上海、广州、深圳、天津、济南等城市配合城市总体规划与发展，从 20 世纪 80 年代也开始陆续开展了综合交通调查[125]。目前，北京共开展了五次综合交通调查，分别在 1986 年，2000 年，2005年，2010 年和 2014 年（见表 3-3）[125]；上海市也开展了五次全市范围的综合交通调查，分别在 1986 年，1995 年，2004 年，2009 年和 2014年（见表 3-4）[123]，六次全市范围的居民出行调查（除了五次综合交通调查，还有一次是 1981 年的居民出行调查）；截至目前，济南市共开展了四次综合交通调查，分别在 1988 年，2004 年，2011 年和 2013 年[128、129]，另外，在 2009 年、2012 年还开展了基于 SP（Stated Preference）和 RP（Revealed Preference）的居民出行调查[128、130]，作者有幸组织并参与了济南市 2004 年以后的四次调查。附录 A 给出了作者参与组织设计的济南市居民出行调查的调查问卷（2011 年），调查内容涵盖出行次数、出行方式、

出行目的、出行时耗、出发时刻等出行特性，以及出行者的个人属性和家庭属性等，具体内容详见附录 A。

表 3-3　北京五次综合交通调查项目

调查次序	调查年份	调查项目	应用
1	1986	7.2 万户；居民出行调查，公交客运调查等	为交通系统规划服务；首次研究居民出行规律和时空分布；开展公交线网评价
2	2000	6.4 万户；四大项 11 分项	交通拥堵问题初现；支撑全市交通模型构建；服务《北京交通发展纲要（2004—2020）》
3	2005	7.4 万户；六大项 14 分项	服务于"十一五"综合交通规划；关注奥运交通保障；制订奥运后交通行动政策和策略
4	2010	4.7 万户；11 大项 16 分项	提出发展策略和管理措施；探索新技术新方法在调查中的应用；服务"十二五"综合交通规划；服务《北京交通发展纲要（2012—2030）》
5	2014	4 万户；六大项 17 分项	提出相应发展政策和管理措施；关注京津冀区域一体化；关注节能减排、绿色出行

表 3-4　上海五次综合交通调查项目

调查次序	调查年份	项目数量	常规调查项目	新增调查项目
1	1986	6	居民出行调查；车辆出行调查；货物流通调查；停放车调查；道路交通调查；公共客运调查	
2	1995	12	居民出行调查；车辆出行调查；公交运量调查；公交设备量调查；道路流量和车速调查；道路设备量调查；停车设施调查；货物流通调查	流动人口调查；从业人员资料调查；吸引点调查；市境出入车辆调查

续表

调查次序	调查年份	项目数量	常规调查项目	新增调查项目
3	2004	23	居民出行调查；交通吸引点及新城调查；对外交通客流调查；客货车辆出行调查；对外交通流量及问询调查；货物运输调查；货物集散点调查；道路设施调查；城市道路公路交通量调查；道路车速调查；公交线网调查；轨道客流调查；停放设施调查；停车特征调查；社会经济资料；交通分区系统；基础地理信息	流动人口调查；对外交通客流调查；出租汽车出行调查；交通事故信息调查；土地使用调查；交通环境监测
4	2009	24	人口就业岗位调查；居民出行调查；流动人口出行调查；对外枢纽点交通调查；吸引点交通调查；私人小客车方式出行调查；机动车拥有量和停车设施分布调查；出租汽车出行特征调查；货运车辆出行特征调查；市境出入口车辆调查；典型停放车设施特征调查；公共交通客流分布特征调查；城市道路公路交通量调查；道路车速调查；交通基础设施调查；交通环境调查；其他社会经济相关资料收集	出行方式链调查；出行意愿调查；世博会游客调查；手机定位、GPS和牌照识别、一卡通、遥感等新技术
5	2014	24	社会经济和基础设施调查；用地、人口和就业岗位调查；停车设施普查；居民出行调查；宾馆流动人口出行特征调查；对外客运枢纽交通调查；典型用地交通新特征调查；货运车辆出行特征调查；出租汽车出行特征调查；典型用地停车设施调查；道路流量与载客人数调查；道路车速调查；轨道交通枢纽客流特征调查；公共汽（电）车客流特征调查；基于综合交通信息平台数据挖掘；基于遥感的交通相关用地数据挖掘；基于牌照识别的车辆出行特征挖掘；基于GPS的车辆出行特征挖掘；基于一卡通的交通特征挖掘	道路货运堆场和场站普查；小客车出行特征调查；四类集体班车出行特征调查；手机信令数据挖掘；交通环境调查

利用居民出行调查数据，可以建立居民出行方式选择模型[116, 131]，以分析不同交通方式之间的转移规律[132]。居民出行调查结果以调查报告、公开报道和学术成果的方式向社会开放，这为获取居民出行调查数据结果提供了便利。由于人力、物力耗费较大，居民出行调查是隔一段时间才进行一次。随着经济社会的快速发展，调查结果的时效性不足。在此背景下，时效、便捷的居民出行信息化数据备受研究者和管理人员青睐。

3.1.2　居民出行信息化数据

居民出行的信息化数据主要包括手机定位数据、车载 GPS 数据、网络签到数据和公共交通 IC 刷卡数据等。这部分数据可以结合居民出行调查数据相互校验，以提高数据采集的效率。

手机定位数据和车载 GPS 数据（出租车）需要从相应的运营服务公司付费获取，利用这部分数据分析居民出行特征已经有了大量的研究成果。阳扬[122]利用手机 APP 数据分析交通出行数据获取的方法；张维[120]和李祖芬[121]也研究了利用手机信令定位数据提取居民出行特征。毛峰[133]分析了出租车车载 GPS、微博数据和手机数据等多源数据的获取和处理方法，用以分析居民出行通勤行为和城市居住空间特征。其中出租车 GPS 数据从出租车调度中心获取，新浪微博平台有开放的应用程序接口（Application Program Interface, API）可供下载微博签到数据。

公交 IC 卡数据可以从公交信息中心部门获取，像北京等这样的大城市，公交上下客都进行刷卡，出发地和目的地可以直接在数据中显示；如果只有公交上车刷卡数据，则需要编写算法反推下车地点，关于这方面的研究也非常成熟。例如，师富民研究了通过公交 IC 数据获取公交出行 OD（出发地-目的地）矩阵的方法[124]。

目前，交通部建立了综合交通出行大数据开放平台（https://transportdata.cn/），公交、出租、客运的信息都是共享的。由于推动民间资本介入公共交通项目的主体是政府管理部门，政府协调不同管理部门来获取居民出行信息化数据有其自身的优势（见图 3-1）。

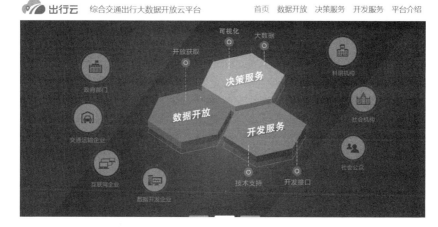

图 3-1　综合交通出行大数据开放云平台

3.2　公交经营数据

公交经营数据主要用于把握现行公交收入和支出，了解公交的现行经营状况，为定量分析民资介入公交的可行性提供数据支持。获取公交经营数据对于公交管理部门不是困难的事情。公交经营数据主要包括公交公司、车队、公交线路的运营数据和财务数据，以及广告业务和其他三产业务数据等。下面以济南公交为例，介绍公交经营数据的内容。

3.2.1　公交运营数据

附录 A 给出了济南公交运营报表。从公交线路到公交车队，再到公交总公司，其汇总的运营数据项目是类似的，包括高峰班次、总运营班次、里程、客运量（零票、刷卡）、收入、正点率、故障率等。

3.2.2　公交财务数据

附录 A 还给出了济南公交的财务收支表，内容包括企业收入、企业支出和企业利润。其中收入项目包括票款收入、租车收入和月票收入；支出项目包括材料消耗（燃料、材料、润料）、工资附加（工资、职工福利费、工会及教育）、轮胎、折旧、大修和各项费用等六类，其中各项费用包括事故费、修理费、办公费、水电费、卫生费、煤炭费、票斗票据、养老金、税金、票款整理费、人才管理费、效益补贴、失业保险、工伤保险、生育保险、医疗保险、公积金、场站管理费、安保费和其他等 20 小项。公交财务数据对于掌握公交成本收益具有关键作用。

3.2.3　公交广告业务和其他三产业务数据

公交公司为了提高自身收益，不断拓展业务，积极发展广告、医院、物业等三产业务。济南公交的医院、物业主要针对公司内部，我们主要收集了公交广告收入这块数据。附录 A.3 给出了公交车体广告的价目表，公交站台广告则是对外承包。

3.3　公交补贴数据

公交补贴数据来源于公交公司和公交管理部门，依据是公交补贴文件。公交补贴包括四部分：

（1）基于成本规制的公交财政经营性补贴。

包括低票价行程的城市公交企业政策性亏损。由于公交的公益属性，目前，城市公交票价低于市场价收取。

（2）专项经济补偿。

公交承担社会福利（老弱病残、军人、学生等乘车免费或者优惠）以完成政府指令任务增加的支出。目前，济南市 65 岁以上老人免费乘车，60 岁以上老人半价乘车。此外，学生乘车优惠，军人和伤残人士乘车免费。

（3）专项补贴。

主要是燃油、公交购置车辆和设施装备补贴。

（4）其他隐形补贴。

指公交基础设施建设所获得的划拨土地等优惠隐形补贴。

3.4　小　结

本章总结了定量分析民资介入公交效果所需要的居民出行数据、公交经营数据和公交补贴数据三类数据的来源和基本内容。获取居民出行数据和公交经营数据后，可以定量把握居民出行方式选择行为和公交的财务收支状况，为定量分析民资介入公交效果打下了基础。

由于推动民资介入公交的主体是政府部门，因此，对于政府部门来说，从公交部门或公交管理部门获取公交经营数据和补贴数据是件很容易的事情。居民出行调查的实施主体也是政府部门，也就是说，政府管理部门本身就拥有历次居民出行调查的数据，而且居民出行调查报告和调查结果都是公开的。对于手机等数据，政府部门协调通信公司或者网络公司获取这方面的数据也具有自身优势，而且很多网络数据都是免费开放的。一些数据共享平台也为获得上述数据提供了可选来源。数据的可获得性为以下章节中定量分析方法的应用提供了保障，同时也提高了定量分析模型移植到其他城市的可行性。

4 第4章　考虑乘客价值的民资介入公交模式

诸多学者对国内公交市场化改革的失败进行了总结，发现主要原因还是要归结到财务问题[10, 11]。因此，增加民资介入者收益，保障其财务可持续性，对于提高民资介入公交的成功率至关重要。但是，如何开源节流，如何增加收入、减少支出也是个重要问题。本章我们提出一种考虑乘客价值的民资介入公交模式，旨在提高公交系统的社会总福利，提高民资介入公交的成功率。

4.1　乘客价值的含义

"乘客价值"源于"客户价值[7, 134]"，给出"乘客价值"的含义之前先看一下什么是"客户价值"。

著名学者 Seybold 提出，客户经济时代已经来临[135]，并提出以客户经济为轴心的三大原则：客户主宰原则、关注客户关系原则及重视客户经验原则[136]。

"客户价值"目前还没有一个统一的定义。从客户与企业之间的关系来看，客户是企业存在的理由，是企业竞争优势的最终来源，最了解产品和服务的是客户。"客户价值"包含两方面的含义：一是客户给企业带来的价值；二是企业为客户提供的价值[136]，其中的价值是用转化成货币形式的收益来衡量[137]的。"客户价值"研究目前正沿着三个不同的侧面展开[138]：① 客户为价值感受主体，企业为价值感受客体。这种情况属于传统意义上的客户价值，是成果最丰富和深入的领域；如何理解和迎合客户需求是该领域的研究重点。② 企业为价值感受主体，客户为价值感受客体。这是 2000 年以来兴起的客户价值研究方向，吸引、保持发展盈利客户是研究的目标，客户全生命周期是研究核心。③ 企业和客户互为价值感受主体和价值感受客体。此方面的客户价值研究，也称为客户价值交换，是很新的研究领域，通过关系、伙伴以及联盟来实现双赢是目前该领域研究的重点。关于第三种方法，目前应用最广，本书将采用此方法。

关于客户价值研究的成果，主要是在电信、移动商务等领域[139-141]，而在交通领域的研究成果很少，主要集中在铁路客户价值的分类研究方面[142-144]。王少军（2014 年）[142]研究了基于客户价值的我国高速铁路不同客运客户的关系管理；袁艳敏（2013 年）[143]建立了顾客忠诚结构方程模型和铁路旅客市场细分流程模型；郑平标（2014 年）[144]建立了铁路客户价值评价指标体系。在公交领域，很少有关于客户价值的研究。

对于公共交通来说，公交乘客作为公交运营者服务的客户所体现的价值，我们简称为"乘客价值"。它有两方面的含义：对于公交运营者来说，"乘客价值"是公交乘客给其带来的收益，包括票款收入、公交卡账户现金流收益，以及广告收益；另一方面的"乘客价值"是公交运营者提供给公交乘客的出行服务所体现的货币价值。

公交乘客作为公交服务的对象也是一个庞大的客户群体，但是目前公交并没有体现忠诚（公交出行多，公交依赖度大）乘客的价值差异，也没有充分挖掘公交乘客资源所应有的价值[7, 134]。如果从"客户价值"的角度充分挖掘乘客资源，对忠诚的乘客采取鼓励措施，会吸引更多的人乘坐公交，让更多的乘客成为更有价值的忠诚乘客，同时也会提高公交运营者的收益。

4.2　考虑乘客价值的民资介入公交模式

公交乘客所构成的庞大客户群体能够给公交运营者带来票款和广告等收益。在公交系统中考虑乘客价值，是为了提高整个公交系统的社会福利[134]。按照 Remsey 定价原理[145]，由于公共交通的公益属性，公交管理者以公交系统社会福利最大化为目标,而公交系统社会福利可以表示为公交运营者剩余和公交出行者剩余之和①。

公交运营者的社会福利等于收益减去成本,出行者的剩余等于愿意支付的费用减去实际成本[134,145]。如果充分考虑乘客价值,公交运营者和出行者都将会受益(见表4-1)。我们提出通过充分利用乘客的公交卡账户现金流来通过收益,并拿出一部分返给乘客这种形式来挖掘乘客价值。当然,也可以通过其他方式来提高乘客价值。充分考虑乘客价值后,公交运营者和出行者都可以从公交卡账户的现金流中获取更多的收益,这有利于提高公交系统福利、提高公交运营者的财务可持续性。

表 4-1　考虑与未考虑乘客价值公交企业的收益差异

	未考虑乘客价值	考虑乘客价值
公交企业收入	票款收入	票款收入
	账户现金流收益(*银行活期利息*)	账户现金流收益(*投资收益*)
	广告收入(车体、站台广告)	广告收入(车体、站台广告、电子商务平台广告)
	政府补贴	政府补贴
公交企业成本	固定成本②	固定成本
	可变成本③	可变成本 *返还给乘客的收益*

从表4-1可以看出,考虑乘客价值的民资介入公交模式(我们称为"价值模式")与传统介入模式(称为"非价值模式")的不同之处在于两点:一方面,"乘客价值"是乘客群体给公交企业带来的收益。价值模式认为,公交乘客构成巨大的客户群体,除了票款收入、传统的车体和站台广告收

---

① 主流经济学中主要有两类剩余:生产者剩余和消费者剩余[7]。消费者剩余是指消费者愿意支付某种商品或服务的最高价格与这些商品或服务实际价格之差形成的货币形式收益;生产者剩余是生产商愿意出售某种商品或服务的最低价格与实际市场价格差额形成的收益。

② 根据济南公交财务报表(附录A),固定成本包括办公费、物业费、车辆保险和折旧费等。

③ 可变成本包括燃料、材料、润料,以及维修费用、事故费用、工资和各种保险(附录A济南公交财务报表)。

益还能给公交企业带来其他收益，如公交卡账户现金流收益、基于公交客户群体的电子商务平台广告收益。其中，目前的公交卡现金流收益基本都是活期利息的形式，国内活期利息率为 0.3% ~ 0.35%，而国外很多国家活期利息率为零，远低于民资企业的投资收益率（通常高于 10%）[134]。另一方面，"乘客价值"是公交企业为乘客提供的出行服务所体现的价值。价值模式认为，公交企业应该为客户服好务，拿出一部分收益（例如，公交卡账户现金流收益的一部分）回馈给乘客（可以按照乘公交的次数进行返还），以巩固乘客群体并且吸引更多的出行者选择公交出行。

由于民资介入公交设施建设比较成熟，本书主要研究民资介入公共交通运营。图 4-1 是民资介入公交项目采购流程图。下面以 PPP 租赁运营维护为例（其他模式的 PPP 项目分析类似）。考虑乘客价值的民资介入公交模式中，管理者将公交线路通过招标租赁给私人部门收取租赁费用，私人部门承担运营风险，跟国有公交企业享有相同的财政补贴①；租赁合同中规定票价范围和发车频率等服务约束，允许民资介入企业考虑乘客价值获取收益（例如，利用公交卡账户现金流进行投资收益等）。由于政府购买公共服务提供公交出行给出行者带来出行费用和出行时间方面的便利，因此，在衡量财政补贴的时候，乘客的时间价格等因素也应当作为公交系统效率和公交补贴的依据[134]。

除了健全的财务制度和法规保障外，民资介入部门（私营部门）应该努力提高公交资源的利用效率。如果私营部门可以更有效地利用公交乘客资源，就能够获得更多的收益，从而提高自身的竞争力。而私营部门在提高效率和逐利方面比公共部门具有更大的动力和优势[15]。上面提出的考虑乘客价值的投资模式，会产生更多的收益，应该更有利于民间资本介入公共交通。

此外，面对民资的介入，国有公交企业应有更多的动力来调整运营策略以提升自身的竞争力，也可以采取考虑乘客价值的运营策略。公私间的竞争将有利于公交系统效率的改善[9]。

在接下来的章节，将构建定量分析模型来评价民资介入公交运营的效果。

---

① 参考 3.3 节公交财政补贴部分，包括燃油补贴、车辆补贴、特殊群体（学生、老人、伤残人士和军人）出行补贴和其他政策性亏损补贴[134]。

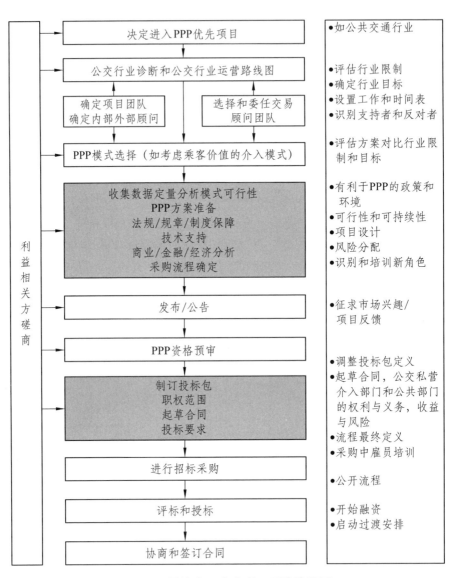

图 4-1 民资介入公交项目采购流程图

4.3 考虑乘客价值介入模式的财务分析

本节进一步分析考虑乘客价值的民资介入公交模式在财务方面的优越性。我们把维持公交运营的资金来源按以下三个阶段进行分析（见图4-2）。

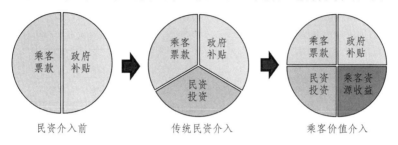

图 4-2 不同运营模式下的公交收益来源构成

第一阶段是民资介入之前的阶段（1985年前）：公交运转资金由乘客票款和政府补贴来承担，然而随着财政负担的日益加重，政府出台了相关文件以鼓励民资进入公交建设和运营管理中，于是，民资陆续进入到公共交通领域。

第二阶段是传统的民资介入（非价值）模式（1985年后）：民资部门的运营和收益与国有公交企业差异不大，由于票价受限且收益单一，随着成本增加而以失败告终。失败的主要原因就是收益不足而无法满足持续运转[10]。

第三阶段就是我们现在提出的挖掘乘客资源获取收益的模式。这种模式比之前的民资介入模式多了乘客资源利用这块，更多的收益使得有额外的资金填补之前民资介入公交的收益不足，为民资进入公交且保持公交票价较低、又能持续发展提供了可能性。

图4-3是考虑与未考虑乘客价值下公交运营企业和公交乘客的收支变化情况。对于公交运营企业来说，如果都保持低票价不变，公交运营企业因为公交卡账户现金流收益和电子商务广告而使得考虑乘客价值后的收入有所提升。不过，考虑乘客价值时还需要拿出一部分收益返还给乘客，此时的支出也增加了。因此，在考虑乘客价值的情况下，需要寻求收入的增加大于支出的增加才会使得最终的收益比未考虑乘客价值具有优势。对

于公交乘客来说，考虑乘客价值模式下，公交乘客还会因为公交卡账户留有余额和乘坐公交出行而获得额外的收益返还，这将有助于激发公交乘客乘坐公交以及公交卡中预存现金的积极性。可以看出，考虑乘客价值的民资介入公交模式，对于公交运营者和公交乘客都具吸引力。具体效果还需要进一步的定量评价。

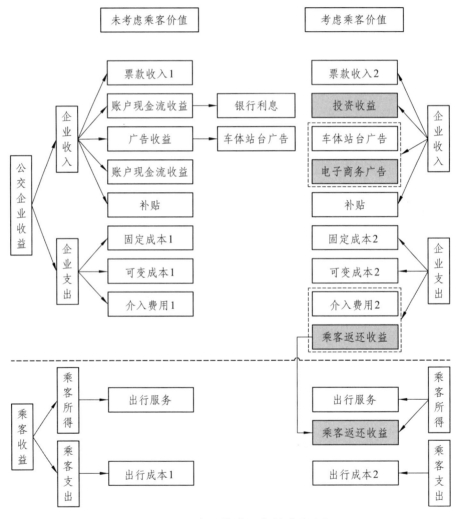

图 4-3　不同介入模式的收益成本分析

目前，济南等城市都考虑将公交卡账户绑定手机卡支付，如果借助互联网平台使未来公交刷卡账户与支付宝、微信等支付手段相结合，其收益程度将会进一步提升。而公交客户群体本身为电子支付平台积聚起规模庞大的潜在消费客户，这将会给电商支付平台带来无限的商机。信息化时代下的民资介入公交将会有更广阔的发展前景。

4.4 小 结

为了提高公交系统的社会总福利，提高民资介入公交的成功率，本章提出了一种考虑乘客价值的民资介入公交模式，给出了该模式提出的背景，以及考虑乘客价值的民资介入公交模式的运作流程，分析了这种价值模式与非价值模式的异同以及优势所在。

信息化背景下，考虑乘客价值的民资介入公交模式使公交运营者和公交乘客皆受益，这将会提高公交市场化的成功率。接下来的几章将在已有定量评价方法的基础上，结合公共交通的自身特征构建模型定量评价这种价值模式的效果。

第 5 章　民资介入公交
静态评价方法研究

上一章提出了考虑乘客价值的民资介入公交模式,从理论上讨论了这种价值模式的优势,但是具体的效果怎么样,还需要进一步的定量分析。很显然,如果民资介入公交模式的可行性能够定量刻画,对于决策者来说将会更加合理、更加方便地制订民资介入政策[134]。结合已有的定量评价方法,本章先从静态的角度,研究民资介入公交的定量评价方法,作为已有定量方法的补充。在第 6 章和第 7 章将继续从动态和系统角度进一步研究民资介入公交的定量评价方法。下面将讨论既然已经有了 CB 和 VFM 等定量评价方法,为什么还要进行定量方法研究? 如果研究的话,将会采用什么理论、构建什么模型,以及该模型的效果如何等?

5.1　问题引入

已有的定量评价方法包括 CB 成本效益分析和 VFM 物有所值分析,这些多是财务方面的分析。而且已有的定量分析方法对于城市公共交通这一特定的领域来说,存在着诸多的局限性:

(1) 未能反映出公交管理者、公交运营者和公交出行者之间的层级关系;

(2) 未考虑出行者的方式选择行为,未考虑出行者出行方式之间的转移;

(3) 公交具有公益属性,乘客的时间价值等非财务因素也未体现。

鉴于上述局限性,不禁要问,针对民资介入公交运营,如何克服已有定量评价方法的不足,进行定量评价?

5.2　双层规划理论（BLPT）及适用性

为了回答上面的问题，本章从较简单的静态角度出发，选用双层规划理论作为民资介入公交静态评价的定量分析工具，并将之作为已有财务分析方法的补充。下面介绍双层规划理论及其适用性。

5.2.1　双层规划模型（BLPM）

双层规划问题（Bi-level Programming Problem，BLPP），又称双层优化问题，是指包含上、下两层规划问题，其中上层问题是以下层问题为约束条件的规划问题[146]。设上层决策者控制变量为 $x = (x_1, x_2, \cdots, x_n)^{\mathrm{T}} \in X \subset R^n$；下层决策者控制变量为 $y = (y_1, y_2, \cdots, y_n)^{\mathrm{T}} \in Y \subset R^m$，双层规划数学模型（Bi-level Programming Model, BLPM）如式（5-1）~（5-4）：

$$\text{P1} \quad \min_{x \in X} F(x, y) \tag{5-1}$$

$$\text{s.t. } G(x, y) \leqslant 0 \text{，其中 } y \text{ 通过求解 P2 获得} \tag{5-2}$$

$$\text{P2} \quad \min_{y \in Y} f(x, y) \tag{5-3}$$

$$\text{s.t. } g(x, y) \leqslant 0 \tag{5-4}$$

式中函数 $F, f : R^{n_1} \times R^{n_2} \to R$，分别为上、下层规划模型（P1 和 P2）的目标函数；向量函数 $G : R^{n_1} \times R^{n_2} \to R^{m_1}$ 和 $g : R^{n_1} \times R^{n_2} \to R^{m_2}$ 分别为上、下层规划的约束。

5.2.2　BLPM 模型静态分析民资介入公交效果的适用性

通过图 5-1 可知为何使用双层规划理论来构建定量评价模型，以对民资介入公交效果进行优化分析。

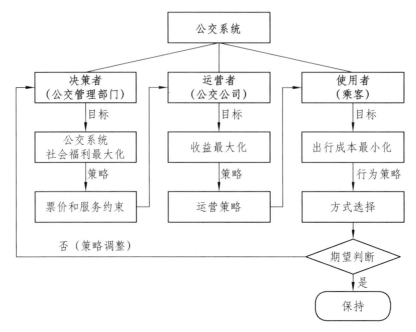

图 5-1　公交系统中分层群体的策略迭代优化过程

　　公交系统本身就是由公交管理者（政府部门）、公交运营者和出行参与者三个群体构成的系统。政府希望公交系统产生最大的社会效益，公交运营者希望达到最大的运营收益，出行者希望出行成本最低，并且各群体是分层等级的关系。公交运营者依据管理者的政策约束进行决策，对下层公交出行者的方式选择产生影响；下层出行者根据出行选择行为理论进行方式选择也会影响上层决策者的政策调整，使公交供给与公交需求相互协调。如果有很少的出行者选择公交出行，政府管理部门就需要改变策略来提高公交服务质量（例如，改变对公交运营者的补贴，私营部门的租赁费，重新调整票价范围和公交服务水平）。面对公交管理部门新的政策，公交运营者需要调整相应的运营策略（例如，票价，发车频率，返还给乘客的收益数额，广告业务），直到公交系统达到各方都能接受的优化状态（局部最优），直至策略调整迭代停止并维持现状。

　　多层规划模型能够很好地反映公交系统各群体之间的制约和影响关系，因此，用多层规划模型来评测民资介入公交的效果是很合适的[7, 11, 134]。因为公交的公益性，政府并不是希望公交企业收益最大化，而是满足公交企业最低的收益率约束条件[145]，这样三层决策问题可以转化为含有两个目标函数的双层规划决策问题[134]。

孙广林[145]从双层规划和 Stackelberg 博弈之间的关系上，讨论了双层规划模型用于描述公交系统不同群体关系的适用性。Benoit Colson 等人[147]的研究表明，双层规划问题与 Stackelberg 双寡头博弈相关，因此，从对策论角度看，双层规划问题被称为静态的、非合作的 Stackelberg 问题。其中起主导作用的参与个体为领导者，首先进行决策；属于从属地位的参与个体为追随者。在公交系统中，公交管理者与公交运营者之间，公交管理者是上层领导者，公交运营者是下层追随者；公交运营者和出行者之间在 Stackelberg 博弈过程中，公交运营者是上层领导者，公交出行者是下层追随者。但是，上层领导者在决策的时候同时需要考虑下层追随者的反映。公交运营者对于管理者和出行者来说处于中间衔接的位置，这三个群体相互作用的结果，可获得最优公交运营策略，达到公交系统社会福利和公交出行者效用之间的平衡。可见，公交系统各群体层级结构的 Stackelberg 博弈与双层规划具有相似性[145]。

因为公交系统的社会福利不只包含金钱等经济因素，还包含一些非财务的因素例如时间（出行时间等），因此，在下面的民资介入公交双层规划模型中将考虑包含时间的广义出行成本。

5.3　民资介入公交的双层规划模型（BLPM）

假设有常规公交、BRT、地铁三种公交线路（在一些城市，还有轻轨、有轨电车、磁悬浮等模式的公交。为了简单起见，我们在模型构建中仅考虑常规公交、BRT、地铁。在模型中，公交方式的不同体现为参数下标值的不同。如果考虑其他方式公交，仅仅是参数下标值发生变化，模型结构不会发生变化[134]），民资进入其中一种或几种线路运营，并向政府缴纳一定的费用，民资企业和国有公交企业享受同样的政府补贴。民资介入后，政府会增加介入费用这一收入。政府根据人均收入水平（根据国际经验[148]，公共交通支出占个人年可支配收入的合理范围一般在 5% ~ 10%）和乘客可接受程度制订票价范围，并约束最低服务水平。

上层决策者（政府）的目标是公交系统社会福利（包括国有公交企业剩余、民资企业的介入费用和出行者剩余）最大，调控变量是公交票价。下层决策者（出行者）的目标是广义出行成本最低（或出行效用最大），调控变量是服务水平（发车频率），约束为民资介入部门收益率和公交容量限制，以保证民资企业获得稳定的收益和拥有稳定的客户资源。尽管越来越多的出行者选择公交出行对于交通系统有利，但是不能强迫出行者放弃小汽车出行，出行者有权根据选择理论选择自己的出行方式。为了显示小汽车使用对公交系统社会福利的影响，在双层规划目标函数中将考虑小汽车出行者的广义成本。

5.3.1 BLPM 模型的目标函数

公交运营者剩余：

$$S_{public}^0(f, F) = \sum_{i=1}^{n} f_i Q_i + \sum_{i=1}^{n} B_{subsidy}^i + \sum_{i=1}^{n} B_{other}^i - C_{without}^0(F) \qquad (5\text{-}5)$$

$$S_{private}^0(f, F) = \sum_{i=n+1}^{m} f_i Q_i + \sum_{i=n+1}^{m} B_{subsidy}^i + \sum_{i=n+1}^{m} B_{other}^i + \varphi\left(T, \sum_{i=n+1}^{m} Q_i \cdot M_{acount}^i\right) - \\ C_{without}^0(F) - B_{private} - C_{private}^0(Q)$$

$$(5\text{-}6)$$

其中 S_{public}^0，$S_{private}^0$：分别表示国有公交企业和民资介入企业的剩余；

f_i：公交线路 i 的票价；

F_i：公交线路 i 的发车频率；

Q_i：公交线路 i 的运量；

$B_{subsidy}$：各种补贴（燃油、车辆购置等）；

B_{other}：其他收入，如广告、三产收入；

$M_{account}$：乘客乘车卡账户余额；

$C_{without}^0(F)$：运营成本，包括固定成本和可变成本；

$B_{private}$：民资介入公交缴纳的费用；

φ：与运量、账户余额和时间有关的收益函数；

$C^0_{private}(Q)$：民企对公交乘客的收益返还；

m, n：分别表示全部运营线路数和国有公交企业运营的线路数，$m \geq n$。

本书中用 MNL 模型刻画出行方式选择行为，出行者 n 选择方式 x 的概率为（5-7）：

$$P_{xn} = \exp(\theta \cdot V_{xn}) / \sum_{x=1}^{J} \exp(\theta \cdot V_{xn}), x = 1, 2, \cdots, J \qquad （5-7）$$

其中 V_{xn} 是出行者 n 效用 U_x 的确定项；J 是可选方式集合；θ 是一个参数，由极大似然和 Newton-Raphson 方法估算。很显然，

$$Q_x = Q_{all} \cdot P_{xn}$$

为了得到某种方式的分担率，需要计算该出行方式的广义成本。小汽车出行从出发地'O'到目的地'D'的成本可以表示为：

$$C^{od}_{car} = f^{od}_{car} + \beta_{car} \cdot T^{od}_{car} \qquad （5-8）$$

其中 f^{od}_{car} 是小汽车出行从出发地'O'到目的地'D'的出行费用；β_{car} 是小汽车出行者的时间价值；T^{od}_{car} 是小汽车出行者从出发地'O'到目的地'D'的出行时间。

公交方式 k（常规公交、BRT、地铁等）从出发地'O'到目的地'D'的广义出行成本可以表示为（5-9）：

$$C^{od}_k = f^{od}_k + \beta_{k\ travel} \cdot T^{od}_{k\ travel} + \beta_{k\ wait} \cdot T^{od}_{k\ wait} + \beta_{k\ walk} \cdot T^{od}_{k\ walk} + \delta_s \cdot C_{return}(Q)$$
$$（5-9）$$

其中 f^{od}_k 是公交方式 k 从出发地'O'到目的地'D'的出行费用；$\beta_{k\ travel}$ 是公交方式 k 的乘客的出行时间价值；$T^{od}_{k\ travel}$ 是公交方式 k 从出发地'O'到目的地'D'的出行时间；$\beta_{k\ wait}$ 是公交方式 k 的乘客的候车时间价值；$T^{od}_{k\ wait}$ 是公交方式 k 从出发地'O'到目的地'D'的候车时间；$\beta_{k\ walk}$ 是公交方式 k 的乘客的步行时间价值；$T^{od}_{k\ walk}$ 是公交方式 k 从出发地'O'到目的地'D'的步行时间；$C_{return}(Q)$ 是返还给乘客的收益；δ_s 为选择介入策略的判断系数：

$$\delta_s = \begin{cases} 1, & 价值介入 \\ 0, & 传统介入 \end{cases} \qquad （5-10）$$

出行者剩余为：

$$S^t(f,F) = \sum_s \sum_t \int_0^{D_{st}} f_{ij}(d)\mathrm{d}w - \sum_{i=1}^m f_i Q_i + C_{private}^0(Q_{private}) - \sum_s \sum_t f_{car}^{st} Q_{car}^{st}$$

（5-11）

其中 S^t：公交出行者剩余，公交出行者获得公交出行服务所愿意支付的成本与实际支付成本之差，小汽车出行对公交出行者剩余起负作用，表明少开小汽车有易于公交出行者[134]；

D_{st}：OD 为 s,t 的公交需求，为票价和服务的函数 $D = D(f,F)$；

$f(d)$：公交需求 D 的反函数，表示需求 D 对应的票价和服务；

$C_{private}^0(Q_{private})$：民企对公交乘客的收益返还；

Q_{car}^{st}：从出发地 s 到目的地 t 的小汽车出行量；

f_{car}^{st}：从出发地 s 到目的地 t 的小汽车出行费用。

所以，上层目标函数为：

$$\max_f S(f,F) = S_{public}^0(f,F) + B_{private} + S^t(f,F)$$

$$= \sum_s \sum_t \int_0^{D_{st}} f_{st}(d)\mathrm{d}w + B_{private} + C_{private}^0(Q_{private}) + \sum_{i=1}^n B_{subsidy}^i + \sum_{i=1}^n B_{other}^i -$$

$$\sum_{i=n+1}^m f_i Q_i - \sum_s \sum_t f_{car}^{st} Q_{car}^{st} - C_{without}^0(F)$$

（5-12）

下层目标函数为：

$$\min_F TC(S) = \sum_i Q_i C_i^t - C_{private}^0(Q_{private}) + \sum_s \sum_t Q_{car}^{st} C_{car}^{st}$$

$$= \sum_i f_i Q_i + \left[\beta_{bustravel}\left(\sum Q_{bus} T_{bustravel}\right) + \beta_{buswait}\left(\sum Q_{bus} T_{buswait}\right) + \beta_{buswalk}\left(\sum Q_{bus} T_{buswalk}\right)\right] +$$

$$\left[\beta_{brttravel}\left(\sum Q_{brt} T_{brttravel}\right) + \beta_{brtwait}\left(\sum Q_{brt} T_{brtwait}\right) + \beta_{brtwalk}\left(\sum Q_{brt} T_{brtwalk}\right)\right] - C_{private}^0(Q_{private}) +$$

$$\left[\beta_{subwaytravel}\left(\sum Q_{subway} T_{subwaytravel}\right) + \beta_{subwaywait}\left(\sum Q_{subway} T_{subwaywait}\right) +$$

$$\beta_{subwaywalk}\left(\sum Q_{subway} T_{subwaywalk}\right)\right] + \left[\sum_s \sum_t f_{car}^{st} Q_{car}^{st} + \beta_{brttravel}\left(\sum_s \sum_t Q_{car}^{st} T_{cartravel}^{st}\right)\right]$$

（5-13）

其中 $TC(S)$：民资介入模式 S（案例中指 PPP 中的租赁）下公交乘客的出行成本；

Q_i：公交线路 i 的运量；

Q_{car}^{st}：从出发地 s 到目的地 t 的小汽车出行量；

C_i^t：公交线路 i 的广义成本；

C_{car}^{st}：从出发地 s 到目的地 t 的小汽车出行广义成本；

$C_{private}^0(Q_{private})$：民资对公交乘客的收益返还；

$\beta_{bustravel}$：乘坐常规公交的行程时间价值参数（元/小时）；

$T_{bustravel}$：乘坐常规公交的行程时间；

$\beta_{buswait}$：乘坐常规公交的等车时间价值参数（元/小时）；

$T_{buswait}$：乘坐常规公交的等车时间；

$\beta_{buswalk}$：乘坐常规公交的步行时间价值参数（元/小时）；

$T_{buswalk}$：乘坐常规公交的步行时间；

$\beta_{brttravel}$：乘坐 BRT 的行程时间价值参数（元/小时）；

$T_{brttravel}$：乘坐 BRT 的行程时间；

$\beta_{brtwait}$：乘坐 BRT 的等车时间价值参数（元/小时）；

$T_{brtwait}$：乘坐 BRT 的等车时间；

$\beta_{brtwalk}$：乘坐 BRT 的步行时间价值参数（元/小时）；

$T_{brtwalk}$：乘坐 BRT 的步行时间；

$\beta_{subwaytravel}$：乘坐地铁的行程时间价值参数（元/小时）；

$T_{subwaytravel}$：乘坐地铁的行程时间；

$\beta_{subwaywait}$：乘坐地铁的等车时间价值参数（元/小时）；

$T_{subwaywait}$：乘坐地铁的等车时间；

$\beta_{subwaywalk}$：乘坐地铁的步行时间价值参数（元/小时）；

$T_{subwaywalk}$：乘坐地铁的步行时间；

$\beta_{cartravel}$：小汽车出行者时间价值参数（元/小时）；

T_{car}^{st}：乘坐小汽车从 s 到 t 的时间。

5.3.2　BLPM 模型的约束条件

票价约束：

政府根据出行费用占居民收入的比例和乘客接受程度制订不同公交线路 i 的票价上下限：

$$f_i^{\min} \leqslant f_i \leqslant f_i^{\max} \tag{5-14}$$

民资企业的收益率约束：

$$r_{bank} < r_{private} \leqslant$$

$$\frac{\sum\limits_{i=n+1}^{m} f_i Q_i + \varphi(T, Q_{private}, M_{acount}) + \sum\limits_{i=n+1}^{m} B_{subsidy}^i + \sum\limits_{i=n+1}^{m} B_{other}^s - C_{private}^0(F) - C_{private}^0(Q_{private}) - B_{private}}{C_{private}^0(F) + C_{private}^0(Q_{private}) + B_{private}}$$

$$\tag{5-15}$$

其中 r_{bank}：银行利率；

$r_{private}$：民资企业接受的最低收益率。

发车频率约束：

$$F_i^{\min} \leqslant F_i \leqslant NT_i \Big/ (2rt_i) \tag{5-16}$$

其中 NT_i：公交线路 i 配置的最大车辆数；

rt_i：公交线路 i 的平均行程时间。

公交车容量限制：

$$q_i \leqslant TCap_i \tag{5-17}$$

其中 $TCap_i$：公交线路 i 的最大运力。

客流需求约束：

$$Q_{public} = \sum_{i=1}^{m} Q_i^*(f_i, F_i) \tag{5-18}$$

其中 Q_i^*：公交线路 i 上的客流。

5.3.3　考虑乘客价值的民资介入公交 BLPM 模型

整合（5-5）~（5-18），以票价和发车频率为变量，建立价值模式下民资介入公交的双层优化模型为：

$$\max_f S(f,F) = S^0_{public}(f,F) + B_{private} + S^t(f,F)$$

$$= \sum_s \sum_t \int_0^{D_{st}} f_{st}(d)\mathrm{d}w + B_{private} + C^0_{private}(Q_{private}) + \sum_{i=1}^n B^i_{subsidy} + \sum_{i=1}^n B^i_{other} -$$

$$\sum_{i=n+1}^m f_i Q_i - \sum_s \sum_t f^{st}_{car} Q^{st}_{car} - C^0_{without}(F)$$

$$（5\text{-}19）$$

$$\text{s.t.} \begin{cases} f_i^{\min} \leqslant f_i \leqslant f^{\max} \\ r_{bank} < r_{private} \leqslant \end{cases} \qquad （5\text{-}20）$$

$$\frac{\sum\limits_{i=n+1}^m f_i Q_i + \varphi(T, Q_{private}, M_{acount}) + \sum\limits_{i=n+1}^m B^i_{subsidy} + \sum\limits_{i=n+1}^m B^s_{other} - C^0_{private}(F) - C^0_{private}(Q_{private}) - B_{private}}{C^0_{private}(F) + C^0_{private}(Q_{private}) + B_{private}}$$

$$（5\text{-}21）$$

$$\min_F TC(S) = \sum_i Q_i C_i^t - C^0_{private}(Q_{private}) + \sum_s \sum_t Q^{st}_{car} C^{st}_{car} \qquad （5\text{-}22）$$

$$\text{st.} \begin{cases} F_i^{\min} \leqslant F_i \leqslant NT_i \big/ (2rt_i) & （5\text{-}23） \\[2mm] q_i \leqslant TCap_i & （5\text{-}24） \\[2mm] Q_{public} = \sum\limits_{i=1}^m Q_i^*(f_i, F_i) & （5\text{-}25） \end{cases}$$

其中（5-20）为公交运营者的公交票价约束；（5-21）为民资介入部门的收益率约束；（5-23）是服务水平约束；（5-24）和（5-25）是容量限制和需求约束。下层出行方式选择拟采用非集计模型，利用居民出行数据建立出行方式选择模型[132]（见 5.3.1 对 Q_i 的介绍）。

5.4　民资介入公交 BLPM 模型性质及求解算法

5.4.1　BLPM 模型性质[7]

为推导方便，假设模型中只考虑 BRT 和 Bus 两种公交线路，客流在 BRT 和 Bus 之间依据 Binary Logit（两个选择项）模型进行方式划分，并以民资进入 BRT 为例进行分析。对于介入 Bus 的情况，只是参数的下标发生了变化。为方便计算推导，给出以下记号：

$$U_{brt} = \sum \theta_{brt}^i T_{brt}^i$$
$$= \theta_{brt} f_{brt} + \theta_{brtwait} \cdot 60/(2 \cdot F_{brt}) + \theta_{brttravel} \cdot T_{brttravel} + \theta_{brtwalk} \cdot T_{brtwalk} + C_{brtconstant}$$

$$U_{bus} = \sum \theta_{bus}^i T_{bus}^i$$
$$= \theta_{bus} f_{bus} + \theta_{buswait} \cdot 60/(2 \cdot F_{bus}) + \theta_{bustravel} \cdot T_{bustravel} + \theta_{buswalk} \cdot T_{buswalk} + C_{busconstant}$$

分别表示 BRT 和 Bus 出行效用，其中 θ 为 Logit 模型标定的参数系数，T 为相应的影响参数，包括票价、车内时间、等车时间和步行时间，以及常数项；

$$C_{brt}^T = \sum \beta_{brt}^i T_{brt}^i$$
$$= f_{brt} + \beta_{brtwait} \cdot 60/(2 \cdot F_{brt}) + \beta_{brttravel} \cdot T_{brttravel} + \beta_{brtwalk} \cdot T_{brtwalk}$$

$$C_{bus}^T = \sum \beta_{bus}^i T_{bus}^i$$
$$= f_{bus} + \beta_{buswait} \cdot 60/(2 \cdot F_{bus}) + \beta_{bustravel} \cdot T_{bustravel} + \beta_{buswalk} \cdot T_{buswalk}$$

分别表示 BRT 和 Bus 出行的广义成本，由费用、车内时间、等车时间和步行时间构成，β 为相应的时间价值；

$$M_{return} = M_{account} r_{private} r_{return}$$

为收益返还值。其中 $M_{account}$ 为账户余额，$r_{private}, r_{return}$ 分别为账户余额的收益率和返还给乘客的比率。

引理 1[149·150]：设 $f(x,y)$ 在区域 D 上具有二阶连续偏导数，记 $A = f_{xx}''(x,y)$，$B = f_{xy}''(x,y)$，$C = f_{yy}''(x,y)$，则：

（1）在 D 上恒有 $A < 0$，且 $AC - B^2 \geqslant 0$ 时，$f(x,y)$ 在区域 D 上是凹函数；

（2）在 D 上恒有 $A > 0$，且 $AC - B^2 \geqslant 0$ 时，$f(x,y)$ 在区域 D 上是凸函数。

关于下层目标函数的性质，有如下命题：

命题 1：如果 $U_{brt} \geqslant U_{bus}$，$C_{brt}^T - C_{bus}^T \leqslant M_{return}$ 时，下层目标函数为凸函数。即，如果 BRT 比常规公交更有吸引力，且 BRT 广义成本与常规公交广义出行成本之差小于收益返还时，下层目标函数为凸函数。

证明：根据 Logit 选择模型，下层目标函数可以写为：

$$TC(S) = \sum_i Q_i C_i^t - C_{private}^0(Q) + \sum_i \sum_j Q_{car}^{ij} C_{car}^{ij}$$

$$= Q \frac{\mathrm{e}^{U_{brt}}}{\sum_{i \in J} \mathrm{e}^{U_i}} C_{brt}^T + Q \frac{\mathrm{e}^{U_{bus}}}{\sum_{i \in J} \mathrm{e}^{U_i}} C_{bus}^T - Q \frac{\mathrm{e}^{U_{brt}}}{\sum_{i \in J} \mathrm{e}^{U_i}} M_{return} + Q \frac{\mathrm{e}^{U_{car}}}{\sum_{i \in J} \mathrm{e}^{U_i}} C_{cat}^T$$

对目标函数分别求关于 F 的一阶、二阶偏导数，得到 A, B, C 的值。

$$A = \frac{\partial^2 TC(S)}{\partial^2 F_{brt}} = \frac{30Q}{(\mathrm{e}^{U_{brt}} + \mathrm{e}^{U_{bus}})^2} \left(\frac{\mathrm{e}^{U_{brt}}}{F_{brt}^4} \right) \left\{ \left[\frac{\mathrm{e}^{U_{brt}} - \mathrm{e}^{U_{bus}}}{(\mathrm{e}^{U_{brt}} + \mathrm{e}^{U_{bus}})^2} \cdot 30 \cdot \theta_{brtwait} - 2F_{brt} \right] \cdot \right.$$
$$\left. [\mathrm{e}^{U_{bus}} \theta_{brtwait} \cdot (C_{brt}^T - C_{bus}^T - M_{return})] + 2F_{brt}(\mathrm{e}^{U_{brt}} + \mathrm{e}^{U_{bus}})\beta_{brtwait} + 60\beta_{brtwait}\theta_{brtwait}\mathrm{e}^{U_{bus}} \right\}$$

$$B = \frac{\partial^2 TC(S)}{\partial F_{brt}\partial F_{bus}} = \frac{30Q}{(\mathrm{e}^{U_{brt}} + \mathrm{e}^{U_{bus}})^2} \left(\frac{\mathrm{e}^{U_{brt}}}{F_{brt}^2} \right) \left(\frac{\mathrm{e}^{U_{bus}}}{F_{bus}^2} \right) \left\{ \frac{\mathrm{e}^{U_{brt}} - \mathrm{e}^{U_{bus}}}{\mathrm{e}^{U_{brt}} + \mathrm{e}^{U_{bus}}} \cdot 30 \cdot \theta_{brtwait}\theta_{buswait} \cdot \right.$$
$$\left. (C_{brt}^T - C_{bus}^T - M_{return}) - 30\theta_{buswait}\beta_{brtwait} + 30\theta_{brtwait}\beta_{buswait} \right\}$$

$$C = \frac{\partial^2 TC(S)}{\partial^2 F_{bus}} = \frac{30Q}{(\mathrm{e}^{U_{brt}} + \mathrm{e}^{U_{bus}})^2} \left(\frac{\mathrm{e}^{U_{bus}}}{F_{bus}^4} \right) \left\{ \left[\frac{\mathrm{e}^{U_{bus}} - \mathrm{e}^{U_{brt}}}{(\mathrm{e}^{U_{brt}} + \mathrm{e}^{U_{bus}})^2} \cdot 30 \cdot \theta_{buswait} - 2F_{bus} \right] \cdot \right.$$
$$\left. [\mathrm{e}^{U_{brt}} \theta_{buswait} \cdot (C_{brt}^T - C_{bus}^T - M_{return})] + 2F_{bus}(\mathrm{e}^{U_{brt}} + \mathrm{e}^{U_{bus}})\beta_{buswait} + 60\beta_{buswait}\theta_{buswait}\mathrm{e}^{U_{brt}} \right\}$$

易知，当 $\mathrm{e}^{U_{brt}} \geqslant \mathrm{e}^{U_{bus}}$，且 $C_{brt}^T - C_{bus}^T \leqslant M_{return}$ 时，即 $U_{brt} \geqslant U_{bus}$，且 $C_{brt}^T - C_{bus}^T \leqslant M_{return}$ 时，$A \geqslant 0, AC - B^2 \geqslant 0$。也就是说，当 BRT 比常规公交出行效用更大，且 BRT 与常规公交广义出行成本之差小于收益返还时（BRT 广义成本小于常规公交广义出行成本时，$U_{brt} \geqslant U_{bus}$，$C_{brt}^T - C_{bus}^T \leqslant M_{return}$ 恒成立），下层目标函数为凸函数。此时，可以用 KKT 条件[151]将双层规划模型转化为单层规划模型。

因此，在民资介入公交进行政策设计时要充分考虑介入后的公交线路与非介入线路之间在出行效用和广义出行成本之间的竞争。

关于上层目标函数的性质，有如下命题：

命题 2：如果 $U_{brt} \geqslant U_{bus}$，$\dfrac{\mathrm{e}^{U_{brt}} + \mathrm{e}^{U_{bus}}}{4\theta_{brtfee}(\mathrm{e}^{U_{brt}} - \mathrm{e}^{U_{bus}})} \leqslant M_{return} - M_{subsidy} - f_{brt} \leqslant 0$，上层目标函数是凸函数（$M_{subsidy}$ 为政府补贴）。即 BRT 比常规公交更有吸引力，民企对公交的收益返还小于政府补贴和票款收入，且民企对公交的

收益返还与政府补贴和票款收入之差大于 $\dfrac{e^{U_{brt}}+e^{U_{bus}}}{4\theta_{brtfee}(e^{U_{brt}}-e^{U_{bus}})}$（该值小于 0，其中 θ_{brtfee} 为 Logit 模型标定的 BRT 票价参数前的系数），上层目标函数是凸函数。

证明：对上层目标函数进行分解。为方便起见，我们分析一个 OD 对的情况，客流量为 Q；$\displaystyle\sum_i\sum_j\int_0^{D_{ij}}f_{ij}(d)\mathrm{d}w=\int_0^Q f(d)\mathrm{d}w$，代表客流需求 Q 下对应的票价和服务水平（发车频率）。

根据原函数存在定理，对目标函数分别求关于票价 f 的一阶、二阶偏导数，分别为：

$$\frac{\mathrm{d}}{\mathrm{d}f_{brt}}\int_0^Q f(d)\mathrm{d}w=f(Q)\cdot Q'=f(Q)\cdot k_{brt} \quad 和 \quad \frac{\mathrm{d}^2}{\mathrm{d}^2 f_{brt}}\int_0^Q f(d)\mathrm{d}w=k^2_{brt}$$

$$\frac{\mathrm{d}}{\mathrm{d}f_{bus}}\int_0^Q f(d)\mathrm{d}w=f(Q)\cdot Q'=f(Q)\cdot k_{bus} \quad 和 \quad \frac{\mathrm{d}^2}{\mathrm{d}^2 f_{bus}}\int_0^Q f(d)\mathrm{d}w=k^2_{bus}$$

其中 k_{brt},k_{bus} 均为常数；

$B_{private}$ 为介入费用，设其为固定常数；

$$C^0_{folk}(Q)=Q\frac{e^{U_{brt}}}{e^{U_{brt}}+e^{U_{bus}}}M_{return} \quad 为收益返还项；$$

$$\sum_{i=1}^n B^i_{subsidy}+\sum_{i=1}^n B^i_{other}=M_{subsidy}Q\frac{e^{U_{bus}}}{e^{U_{brt}}+e^{U_{bus}}}+NT_{bus}M_{vechsubsidy} \quad 为政府对公交的$$

补贴，与运量和车辆数有关；

$$\sum_{i=n+1}^m f_iQ_i=Q\frac{e^{U_{brt}}}{e^{U_{brt}}+e^{U_{bus}}}f_{brt} \quad 为民资介入公交的票款收入；$$

最后一项 $C^0_{without}(F)$ 为与发车频率有关的公交（非民企）成本。

这样，上层目标函数可以写为：

$$\max_f S(f,F)=\int_0^Q f(d)\mathrm{d}w+B_{private}+Q\frac{e^{U_{brt}}}{e^{U_{brt}}+e^{U_{bus}}}M_{return}+r_{subsidy}Q\frac{e^{U_{bus}}}{e^{U_{brt}}+e^{U_{bus}}}+$$

$$NT_{bus}r_{vechsubsidy}-Q\frac{e^{U_{brt}}}{e^{U_{brt}}+e^{U_{bus}}}f_{brt}-C^0_{without}(F)$$

对目标函数分别求关于票价 f 的一阶、二阶偏导数，得到 A, B, C 的值。

$$A = \frac{\partial^2 S(f,F)}{\partial^2 f_{brt}} = k_{brt}^2 + Q\frac{e^{U_{brt}}e^{U_{bus}}}{(e^{U_{brt}}+e^{U_{bus}})^3}\theta_{brtfee}[\theta_{brtfee}(e^{U_{bus}}-e^{U_{brt}})\cdot$$
$$(M_{return}-M_{subsidy}-f_{brt})-2(e^{U_{brt}}+e^{U_{bus}})]$$

$$B = \frac{\partial^2 S(f,F)}{\partial f_{brt}\partial f_{bus}} = k_{brt}k_{bus} + Q\frac{e^{U_{brt}}e^{U_{bus}}}{(e^{U_{brt}}+e^{U_{bus}})^3}\theta_{busfee}\theta_{brtfee}(e^{U_{brt}}-e^{U_{bus}})(M_{return}-$$
$$M_{subsidy}-f_{brt})+Q\frac{e^{U_{brt}}e^{U_{bus}}}{(e^{U_{brt}}+e^{U_{bus}})^2}\theta_{busfee}$$

$$C = \frac{\partial^2 S(f,F)}{\partial^2 f_{bus}}$$
$$= k_{bus}^2 + Q\frac{e^{U_{brt}}e^{U_{bus}}}{(e^{U_{brt}}+e^{U_{bus}})^3}\theta_{busfee}^2(e^{U_{brt}}-e^{U_{bus}})(-M_{return}+M_{subsidy}+f_{brt})$$

由 于 票 价 在 Logit 模 型 中 的 标 定 系 数 为 负 值 ， 可 知 当 $(e^{U_{bus}}-e^{U_{brt}})(M_{return}-M_{subsidy}-f_{brt}) \geqslant 0$ 时，$A \geqslant 0$。即 $(M_{return}-M_{subsidy}-f_{brt}) \geqslant 0$，$(e^{U_{bus}}-e^{U_{brt}}) \geqslant 0$，或者 $(M_{return}-M_{subsidy}-f_{brt}) \leqslant 0$，$(e^{U_{bus}}-e^{U_{brt}}) \leqslant 0$ 时，$A \geqslant 0$。由于 $(e^{U_{bus}}-e^{U_{brt}}) \geqslant 0, (M_{return}-M_{subsidy}-f_{brt}) \geqslant 0$ 要求公交的效用大于 BRT 的效用，且民企对公交的收益返还需要大于政府补贴和票款收入，不符合民企的收益要求。选择 $(M_{return}-M_{subsidy}-f_{brt}) \leqslant 0$，$(e^{U_{bus}}-e^{U_{brt}}) \leqslant 0$ 这个条件，即 BRT 效用大于常规公交效用，且民企对公交的收益返还小于政府补贴和票款收入条件下，$A \geqslant 0$。

对 A, B, C 中的第一项常数项来讲，当然乘客最愿意接受的票价是免费（$f=0$），则常数项 k 取 0，此时：

$$AC - B^2 = Q^2\frac{(e^{U_{brt}})^2(e^{U_{bus}})^2}{(e^{U_{brt}}+e^{U_{bus}})^5}\theta_{busfee}^2[-4\theta_{brtfee}(e^{U_{bus}}-e^{U_{brt}})(-M_{return}+M_{subsidy}+f_{brt})-$$
$$(e^{U_{brt}}+e^{U_{bus}})]$$

在 $(M_{return}-M_{subsidy}-f_{brt}) \leqslant 0$，$(e^{U_{bus}}-e^{U_{brt}}) \leqslant 0$ 条件下，中括号内第一项是正的，只要满足 $M_{return}-M_{subsidy}-f_{brt} \geqslant \frac{e^{U_{brt}}+e^{U_{bus}}}{4\theta_{brtfee}(e^{U_{brt}}-e^{U_{bus}})}$，即民企对公交的收

益返还与政府补贴和票款收入之差大于 $\dfrac{e^{U_{brt}}+e^{U_{bus}}}{4\theta_{brtfee}(e^{U_{brt}}-e^{U_{bus}})}$（该项是小于 0 的），即有 $AC-B^2\geqslant0$。此时，上层目标函数是凸函数。

注：由于在上述条件下才能保证上层目标函数的凸性，故可以采用遗传算法等智能算法进行求解，因为这些算法对于目标函数的凸性及是否连续可微没有要求。

5.4.2 BLPM 模型求解算法

由于双层规划问题是 NP-hard 问题，很难求得全局最优解。Colson[152，153]发表了一系列代表性成果，系统解决了非线性双层规划模型的求解，以及带有平衡约束的数学规划问题。双层规划模型的求解方法分为两种[145]：一种是从上层模型的变量出发，针对给定的上层变量值，求解下层模型最优；一种是利用最优性条件，例如，KKT[151]最优性条件代替下层规划模型，把双层规划模型变成单层规划模型。具体的求解算法[151-160]包括：极点搜索算法、分支界定法、最速下降法、互补旋转算法、罚函数法、进化算法（遗传算法、粒子群算法、神经网络、蚁群算法）、模拟退火算法等。

由于遗传算法和模拟退火等智能算法对目标函数没有凸性、连续可微的要求，这些启发式算法有很广泛的应用。根据上文模型性质分析及凸规划最优性理论，可以用 KKT 条件[151]将双层规划模型（5-22）~（5-25）转变成单层规划问题，用遗传算法[159，160]进行求解。图 5-2 是 BLPM 的求解流程图。

本书考虑下层凸的情况，对于非凸情况的求解可作为下一步研究的内容。首先，通过 KKT 条件将双层规划问题转化成单层规划问题。其次，根据公交运营数据、公交财务数据和居民出行数据，对单层规划模型通过遗传算法进行求解。遗传算法是按照固定的种群数目随机产生初始解进行最优解的搜索。随机产生的每一个初始解与种群中的一个个体（称为染色体，chromosome）相对应，并在其后续迭代中不断优化（该过程称为"遗传"）。每一次迭代通过定义的适应度函数进行染色体排序，适应度值高的

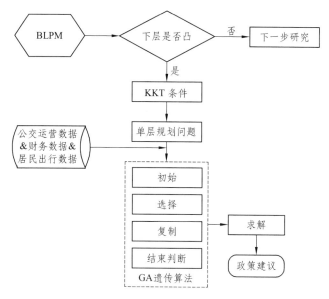

图 5-2　BLPM 模型求解算法流程图

染色体遗传到下一代，上一代染色体经过复制获得下一代染色体，经过若干次迭代收敛于（局部）最优解。主要分为初始化、选择、赋值和终止判断四步：

步骤 1：初始化。按照民资介入公交的变量约束范围，随机产生一组初始种群（民资介入策略）。

步骤 2：选择。将优化模型的目标函数作为适应度函数，应用轮盘赌法选择染色体作为父辈产生子代进行复制运算，染色体被选中的概率依赖其适应度值的大小，选择概率如式（5-26）所示：

$$\mathrm{Pr}(\varphi_i) = \varphi_i \Big/ \sum_{j \in s(t)} \varphi_j \qquad (5\text{-}26)$$

其中 $\mathrm{Pr}(\varphi_i)$：染色体 i 被选作父本的概率；

φ_i：染色体 i 的适应度值。

步骤 3：复制。包括交叉和变异两个阶段：交叉是在染色体编码后的字符串位置随机产生交叉变化点，交叉互换变化点之后的基因对则产生了两个新的种群个体；变异是保证覆盖所有潜在有用信息的补充运算，变异概率决定了发生变异的频率。

步骤 4：终止判断。设定终止条件（迭代次数或者收敛误差），算法终止时最小目标函数值（目标函数求最小的情况）对应的可行解为遗传算法的最优解。5.5 节的案例分析中我们采用的是固定迭代次数为终止条件。

由模型性质知，如果民资介入的线路更具有竞争力、线路之间的差小于返还给乘客的收益，则下层目标函数是凸的。此时，下层规划模型的等价 KKT 条件可以写成式（5-27）：

$$
\begin{cases}
q_{i,k} \leqslant TCap_{i,k} \\
F_{i,k}^{\min} \leqslant F_{i,k} \leqslant NT_{i,k}\Big/2rt_{i,k} \\
\lambda_1(q_{i,k} - TCap_{i,k}) = 0 \\
\lambda_2(F_{i,k} - F_{i,k}^{\min})\left(F_{i,k} - NT_{i,k}\Big/2rt_{i,k}\right) = 0 \\
\nabla\left[(Q_{public} + Q_{car})\sum_i C_i \cdot e^{\theta V_k}\Big/\sum_k e^{\theta V_k} - C_{private}^0(Q_{private}) + \sum_s \sum_t Q_{car}^{st} C_{car}^{st}\right] + \\
\quad \lambda_1 \nabla(q_{i,k} - TCap_{i,k}) + \lambda_2 \nabla\left[(F_{i,k} - F_{i,k}^{\min})\left(F_{i,k} - NT_{i,k}\Big/2rt_{i,k}\right)\right] + \\
\quad \mu_1 \nabla\left(Q_{public} - \sum_{i,k} Q_{i,k}^*(f_{i,k}, F_{i,k})\right) = 0 \\
\lambda_1 \geqslant 0, \lambda_2 \geqslant 0, \mu_1 \neq 0; i = route\ number; k = bus, brt, subway
\end{cases}
$$

$$（5-27）$$

5.5 案例分析

5.5.1 案例背景介绍

本书选择山东省济南市公交系统作为案例进行分析。根据 2015 年济南市统计年鉴，2015 年年底济南市市区户籍人口 440 万[161]，机动车保有量达到 167 万辆，其中私人小汽车 148 万辆。济南市 2012 年成功入选"国家公交都市"创建城市，近年来公共交通发展迅速。2015 年年底，济南市有公交员工 1.2 万人，公交运营车辆 5200 余辆。济南市目前公交线路有 240 条（包含 8 条 BRT 线路），公交线路总长度达到 4100 千米，公交线网总长度达到 1280 千米，日均运量有 240 余万人次（其中 BRT 日均运量达到 30 万人次）。此外，济南市 2015 年年底出租车达到 8000 余辆。根据济南市 2011 年大规模综合调查，公交出行分担率达到 29.69%（不含步行）[162]（见图 5-3）。另外，步行、自行车、电动自行车属于绿色交通出行方式，应该给予鼓励。但是，电动自行车由于速度快、防护措施简陋，近年来也造成了比较严重的交通安全问题。基于济南市出行调查，私人小汽车、公务车和出租车的出行时间与出行成本类似，我们在方式选择建模分析时合并考虑这三种出行方式。济南市的很多单位班车和校车也是由市公交公司运营的，单位班车和校车跟公交车合并考虑建模。在接下来的部分，我们主要分析公交车、BRT 和小汽车之间的出行方式竞争。

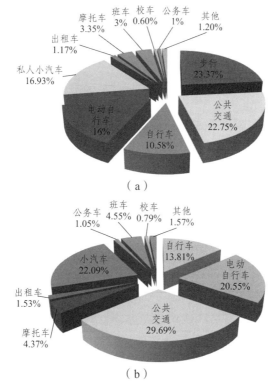

图 5-3　济南市居民出行方式分担率（2011 年）（a）含步行，（b）不含步行

本书选取火车站和燕山立交桥之间的常规公交 49 路、快速公交 BRT5 号线和小汽车（出租车）路线构成的线网作为研究对象，如图 5-4 所示。

图 5-4　所选线路及站点分布

注：*Lr* 是 BRT5 的站间距；*Lb* 是公交 49 路线的站间距；*Lc* 是小汽车/出租车路线. *Lrw* 是到 BRT5 的步行距离；*Lbw* 是到 Bus 49 的步行距离；*O* 是出发地，*D* 目的地。

5.5.2　BLPM 模型参数初值

假设民间资本介入 BRT 线路的运营，租赁合同下民资介入 BRT 的 BLPM 模型的参数可以根据济南公交运营数据、财务数据和居民出行调查数据计算得到（见表 5-1）。

表 5-1 双层规划模型的参数赋值

参数	初值	参数	初值	参数	初值
f_{bus}^{min}	1 元	V_{walk}	4 千米/小时	$r_{private}$	6%
f_{bus}^{max}	3 元	V_{car}	35 千米/小时	r_{acount}	10%
f_{brt}^{min}	2 元	$\beta_{bustravel}$	20 元/小时	Q	1500 人次
f_{brt}^{max}	5 元	$\beta_{buswait}$	25 元/小时	θ_{busfee}	-0.1
f_{car}	1 元/千米	$\beta_{buswalk}$	25 元/小时	θ_{brtfee}	-0.08
F_{bus}^{min}	4 班/小时	$\beta_{brttravel}$	25 元/小时	θ_{carfee}	-0.06
F_{bus}^{max}	15 班/小时	$\beta_{brtwait}$	30 元/小时	$\theta_{buswalk}$	-0.15
F_{brt}^{min}	6 班/小时	$\beta_{brtwalk}$	30 元/小时	$\theta_{brtwalk}$	-0.1
F_{brt}^{max}	20 班/小时	$\beta_{cartravel}$	35 元/小时	$\theta_{buswait}$	-0.2
$TCap_{bus}$	50 人/车	$B_{subsidy}$	1 元/小时	$\theta_{brtwait}$	-0.15
$TCap_{brt}$	70 人/车	$C_{fixedbus}$	3 元/车公里	$\theta_{bustravel}$	-0.12
NT_{bus}	15 辆	$C_{fixedbrt}$	5 元/车公里	$\theta_{brttravel}$	-0.1
NT_{brt}	20 辆	$M_{account}$	20 元	$\theta_{cartravel}$	-0.08
V_{bus}	15 千米/小时	$B_{private}$	100 元/天	Q_{car}	500 人次
V_{brt}	25 千米/小时	r_{return}	0.5		

注：θ 值根据济南市居民出行方式选择模型给定[132]。

5.5.3 BLPM 模型求解及结果分析

使用 Matlab 的遗传算法工具箱来求解不同条件下的目标值和变量值（Matlab 编码见其他参考书），其中，不同条件指的是是否考虑下层出行者成本约束，是否考虑小汽车竞争，是否考虑民资介入公交，以及是否考虑价值模式介入几类情况。表 5-1 中的最低票价约束作为乘客愿意支付的特定成本。

1. 是否考虑下层约束时不同介入模式的求解分析

根据 5.4.2 的算法,利用 Matlab 对案例进行求解。求解双层规划模型时,分别考虑民资介入前后(介入费用和返还收益为零代表民资未介入)、下层目标约束有无以及是否考虑乘客价值等情况。其中以给定的最低票价作为乘客愿意支付的成本,具体结果如表 5-2。表 5-2 中最后一列目标值是在票价和发车频率约束下求得的上层目标函数的最优值,它表示在给定参数取值范围条件下,公交系统的最优社会总福利;其他列是当公交系统达到最优社会福利时,相应参数的取值。例如,表 5-2 中第一行数值表示不考虑下层约束的情况下,民间资本没有介入公共交通运营,公交系统的最优目标值(社会福利)是 3891 元;此时,公交票价应该是 2.98 元,BRT票价应该为 2 元,公交发车频率应当是 4 班/小时,BRT 发车频率应该是 6班次/小时。

表 5-2 考虑与不考虑下层约束时不同投资模式下求解结果

是否考虑下层约束	民资介入情况	Bus 票价/元	BRT 票价/元	Bus 发车频率/班/时	BRT 发车频率/班/时	目标值/元
未考虑下层约束	民资未介入	2.98	2	4	6	3 891
	传统模式介入	2.75	2	4	6	4 152
	价值模式介入	2.67	2	4	6	4 187
考虑下层约束	民资未介入	1	2	15	20	2 737
	传统模式介入	1	2	15	20	3 457
	价值模式介入	1	2	15	20	3 488

根据表 5-2 中的结果可以知道,对于民资未介入、传统民资介入和价值模式介入三种情况,当考虑出行者成本的下层目标约束时,公交票价均降为 1 元,公交发车频率由 4 班/时增为 15 班/时,BRT 发车频率由 6 班/时增为 20 班/时,模型的目标值均变小。这说明减少的社会福利以降低票价、增加发车频率来减少等车时间的形式让利给了乘客,乘客在等车时间和票价方面获益的货币形式的数额可以根据模型求解算出。

在考虑或未考虑下层出行者成本约束这两种情况下，民资介入后两种情况的目标函数值比介入之前的目标值 3891 元和 2737 元均有所增加，这说明民资的介入有利于公交系统社会总收益的提高。而价值模式介入比传统的民资介入公交的目标值大，说明考虑乘客价值对乘客进行收益返还的模式比传统的民资介入公交模式更具有优势。

2. 考虑是否跟小汽车竞争时不同介入模式的求解分析

对于民资未介入、传统介入和价值模式介入三种情况，再同时看是否考虑公交跟小汽车的竞争，具体的模型求解结果在表 5-3 给出。

表 5-3　考虑与不考虑小汽车竞争时不同投资模式下求解结果

是否考虑小汽车竞争	民资介入公交情况	公交票价/元	BRT票价/元	公交发车频率/班/时	BRT发车频率/班/时	目标值/元
不考虑小汽车竞争	民资未介入	1	2	15	20	2 737
	传统介入	1	2	15	20	3 457
	价值模式介入	1	2	15	20	3 488
考虑跟小汽车竞争	民资未介入	1	2	15	20	2 271
	传统介入	1	2	15	20	2 371
	价值模式介入	1	2	15	20	2 396

在相同的公交出行需求下，如果考虑小汽车跟公交车的竞争，三种投资运营模式下的目标值均有所降低（民资未介入时的目标值从 2737 元降到 2271 元；传统民资介入的目标值从 3457 元降到 2371 元；价值模式介入下，目标值从 3488 元降到 2396 元）。这个结果表明，小汽车跟公交车的竞争，不利于公交系统社会福利的提高。因此，为了提高公交系统的社会总福利，应该鼓励公交出行，不鼓励小汽车出行。

公交系统社会总福利最优时，三种情况下公交和 BRT 的票价均应达到最低，发车频率均应达到可取值范围的最大值。价值模式介入下的目标值均比另外两种情况高（考虑小汽车的竞争时目标值是 2396 元，不考虑小汽车竞争时目标值达到 3488 元），说明第 4 章提出的考虑乘客价值的民资介入模式更具有优越性。

不管是否考虑小汽车与公交的竞争，没有民资介入公交时的目标值均是最小的（考虑小汽车竞争时目标值是 2271 元，不考虑小汽车竞争时目标值为 2737 元）。这个结果表明，民间资本的介入有利于公交系统社会福利的提升，价值模式介入比传统的民资介入模式（非价值模式）更具有优越性。在价值模式下，公交系统社会总福利是 2396 元，比非价值模式下的福利高出 125 元，公交系统社会福利提升了大约 5.5%。这个数值也表明，民资部门介入公交的介入费用不应大于 225 元/天，因为现在给定的介入费用是 100 元/天，最多有 125 元的提升空间；否则，价值模式下的系统福利要小于非价值模式下的系统福利，丧失价值模式的优势所在。

3. 公交客流需求分析

表 5-4 给出了其他参数固定、公交客流需求不同情况下公交系统的社会总福利目标值。公交需求小于 200 人次/时，将不能满足民资介入部门的收益率约束条件，因此，当考虑引入民资介入公交时，需要仔细分析公交出行需求。当然，可以通过合理地调整介入费用和政府补贴等指标来满足收益约束条件。很显然，票价和其他成本都会影响收益，模型能够展示出比较合理的变化趋势。对于一个给定的城市和公交系统，用这种定量模型分析民资介入公交可行性显然比定性分析更准确。因为之前的财务分析方法并没有考虑出行方式的竞争和出行者的时间价值等因素，本章所建立的模型对于传统的财务分析方法也是一个很好的补充。

表 5-4　不同客流需求下的模型结果

公交需求 /人次	公交票价 /元	BRT 票价 /元	公交发车频率 /班次/小时	BRT 发车频率 /班次/小时	目标值/元
200	1	2	15	20	不满足
300	1	2	15	20	428
1000	1	2	15	20	1 358

注：其他参数取值见表 5-1。

4. 返还乘客收益比率分析

价值模式下，介入部门会返给乘客一部分收益，这将会吸引更多的出行者选择公交方式。因为公交卡账户现金流的投资收益要远高于银行活期利息的收益，所以拿出部分收益返给乘客具有可行性。但是，为了满足民资介入部门的收益率约束，应当有一个返给乘客收益的临界点。表 5-5 给出的本案例的返还收益临界点是 0.9。随着收益返还率的提高，系统的目标值也相应地得到提高。当返还率达到临界点的时候，系统福利达到2416.9 元；相比不给乘客返还收益的情况，返还乘客收益使系统福利增加了 1.9%。此外，返还乘客收益的临界点是由所有参数和约束条件决定的。该案例只包含了一条公交线路、一条 BRT 线路，如果考虑整个城市的公交系统，总体社会福利的增加将是可观的。

表 5-5　不同返还乘客收益比例下的模型结果

返还乘客受益比例	公交票价/元	BRT 票价/元	公交发车频率/班次/小时	BRT 发车频率/班次/小时	目标值/元
0.0	1	2	15	20	2 371.6
0.2	1	2	15	20	2 381.7
0.4	1	2	15	20	2 391.7
0.9	1	2	15	20	2 416.9
1.0	1	2	15	20	不满足

注：其他参数取值见表 5-1。

民间资本介入城市公交的定量化效果还是很明显的。通过建立的BLPM 模式，能够计算出租赁费、公交客流需求、收益返还率的临界值。这些结果对于决策者和私人部门都是有价值的。通过 BLPM 的模型性质和求解结果分析也可以知道，用双层规划模型来定量刻画民资介入公交的效果是可行的。基于模型分析，可以调控具体的参数并给出相应的建议。

5.6 研究结论

本章引入双层规划模型作为定量评价民资介入公交的工具，分析了双层规划模型的适用性。因为以往民资介入公交多因财务不可持续而失败，本章重点利用BLPM模型定量分析第4章提出的考虑乘客价值的民资介入公交模式。

（1）从案例分析结果，我们得到了介入费用、公交客流需求和返还乘客收益比率的临界点。

考虑乘客价值模式使公交系统福利提升了 5.5%。当关键参数值（票价、公交客流、返还乘客收益比例）取不同值时，目标值的变化是平稳的，没有大的波动，可见，关键参数取值对于模型求解是稳健的。此外，考虑乘客价值后，整个城市公交系统增加的总福利将是可观的。民资介入公交对于公交系统的社会总福利是有利的，考虑乘客价值的民资介入公交模式（价值模式）比传统介入模式（非价值模式）更有优势。价值模式更有利于公交的财务可持续，应当受到鼓励。

（2）考虑乘客价值的介入模式不仅有利于提高公交系统总的社会福利，也有利于提高私人投资者总的收益。

案例中，私人部门的租赁费用不能超过 225 元/天；运营期间的平均客流需求不应小于 200 人次/时。上述结果表明，不同方式之间的竞争、公交需求、政府补贴和乘客返还收益都应当仔细地考虑。案例分析中的定量结果对于决策者和私人介入部门都很有价值。物有所值（VFM）分析也可以给出财务方面的结果，但是 VFM 只是考虑财务因素。对于公共交通来说，出行者的方式选择行为和出行者的时间价值等非财务因素都是很重要的因素，因为这些因素会影响公交出行者的数量[85]，进而会影响公交运营者的收益，影响民资介入公交的成败。

表 5-3 的结果显示了小汽车的竞争有损公交系统的社会福利，公交运营者和决策者应当通过提升公交服务质量和乘客返还收益等措施，提升公交吸引力，鼓励更多出行者选择公交出行。只有这样，民资介入公交的成功率才会得到有效改进。

（3）尽管案例分析比较简单，但是本章所建立的民资介入公交 BLPM

模型结构和模型求解还是为更深入的研究和实践应用奠定了基础。

如果国内其他城市的公交运营数据、公交财务数据和居民出行数据都能获取，那么，根据本章的求解算法，对应城市的民资介入公交 BLPM 模型都可以方便地求解。这对于推动民资介入公交的政府部门来讲，获取公交运营数据、财务数据和居民出行数据都不成问题。表 5-1 中的参数值收集到后，本章建立的 BLPM 模式可以移植到其他城市公交的运营模型分析中。

（4）当然本章研究还有一些不足之处，不同的公交方式之间除了竞争还有衔接与合作。

在公共交通网络中，由于不同公交方式之间存在衔接换乘，不同公交方式之间的合作也是很重要的。多模式衔接问题将会使 BLPM 模型的复杂度急剧增加，目前，该模型仅仅考虑了不同方式之间的竞争。尽管在案例中只有一个 OD 对，但在相同出发地和目的地情况下，竞争更主要。在有换乘的情况下，方式合作会很重要。更复杂网络的多模式衔接问题将在下一步研究中开展。

（5）基于本章建立的民资介入公交 BLPM 模型，更详细更深入的研究将会进一步开展。

实际上，在案例分析中每个参数是给定的固定值。由于未来需要研究不确定双层规划或者随机双层规划问题，因此，下层目标函数为非凸的情况也值得进一步研究。此外，更复杂网络和多模式衔接换乘问题也需要深入研究和仔细设计。其实，本章建立的民资介入公交 BLPM 模型结构和求解算法为进一步研究奠定了基础，为定量评价民资介入公交效果提供了定量分析的工具。鉴于本章所建立的民资介入公交 BLPM 模型考虑了公交系统自身的特点，这也使该模型成为 VFM 等财务分析方法的有效补充。

5.7 小 结

本章的主要工作是建立了民资介入公交的双层规划定量评测模型，分析了模型的性质，设计了求解算法，并通过济南市公交系统的案例分析，验证了该模型的合理性。研究成果为定量分析民资介入公交的可行性，更好地设计民资介入公交政策提供了理论依据。

民资的介入有利于公交系统社会总福利的增加，价值模式介入比传统模式介入更有优势。通过分析可知，在设计民资进入公交的政策时，还需要考虑不同交通方式之间的竞争，以及不同公交线路的成本与政府补贴和对乘客收益返还的关系，这样才能更有效地提高民资介入公交的成功率。

在本章所建立模型的基础上可以展开更深入更具体的研究。一方面，书中的案例是针对给定参数的具体数值进行求解的，在实际中每个参数都不是唯一确定的，这是下一步要探讨的不确定性双层规划模型的建立求解问题；另一方面，多模式衔接换乘问题也需要进一步考虑。本书建立的双层规划模型为上述工作打下了基础。

第 6 章　民资介入公交动态评价方法研究

上一章从静态的角度给出了民资介入公交的定量评价方法，本章是在前面研究的基础上从动态的角度继续定量讨论民资介入公交的政策效果。本章内容安排如下：首先，引入为什么要动态评价民资介入公交的效果？如果要进行动态评价，选用什么理论方法作为动态评价的工具？然后，是演化博弈（Evolutionary Game，EG）理论介绍及其适用性分析，建立民资介入公交的动态评价演化博弈模型，讨论模型性质、求解算法，并进行案例分析，研究民资介入公交策略的动态稳定性。本章最后是研究结论和小结。

6.1　问题引入

随着时间的推移，民资介入政策是稳定的还是波动的，不得而知。未来政策是否稳定这一不确定性，将会给决策者和投资者带来风险，影响投资决策。这当然不是投资者和决策者所期望看到的，随时间推移而稳定的政策才是投资者和决策者所期望的。

此外，已有的定量评价方法，包括上一章建立的双层规划模型，都是假设决策者是完全理性的，存在一定的局限性。因为现实中，决策者往往不是一开始就找到了最优策略，或者是虽然某时刻找到了最优策略，但是随着条件的变化和时间的推移，最优策略会变成非最优策略；有的时候，决策者选择了一个满意的策略而不是最优策略。上述现象体现了决策者有限理性的一面，与决策者完全理性的假设不一致[145]。

鉴于上述两种局限性，如何克服已有方法的不足，动态评价民资介入策略的稳定性呢？接下来将引入演化博弈（Evolutionary Game）理论以动态评价民资介入公交策略的稳定性，并进行演化博弈理论的适用性分析。

6.2 演化博弈（EG）理论及适用性

6.2.1 演化博弈（EG）理论

演化稳定策略（Evolutionary Stable Strategy, ESS）和复制者动态（Replicator Dynamics, RD）是演化博弈理论的两大核心概念。下面是 ESS 和 RD 的定义和定理[163]：

定义 1：单群体演化博弈是从该群体中随机抽取两个个体进行博弈。如果对于任何混合策略 $Y \neq X$，存在 $\overline{\varepsilon}_y \in (0,1)$，使得：

$$E(X, \varepsilon Y + (1-\varepsilon X)) > E(Y, \varepsilon Y + (1-\varepsilon X))$$

对任何 $0 \leqslant \varepsilon < \overline{\varepsilon}_y$ 都成立，则称 X 为演化稳定策略（ESS）。$E(X,Y) = XAY$ 表示参与者的期望收益，A 为参与者的收益矩阵。多群体演化博弈中，称策略组合 $X = (X_1, X_2, \cdots, X_n) \in \Sigma$ 为演化稳定策略组合，如果对任何策略组合 $Y \in \Sigma$，$Y \neq X$，都存在 $\overline{\varepsilon}_y \in (0,1)$，使对任何 $0 \leqslant \varepsilon < \overline{\varepsilon}_y$ 和 $W = \varepsilon Y + (1-\varepsilon X)$，都存在 i 使得

$$E_i(X_i, W_{-i}) > E_i(Y_i, W_{-i})$$

定义 2：t 时刻，使用纯策略 s 的比例（或概率）对 t 的微分方程称为复制动态方程：

$$x_s'(t) = x_s \cdot (E(s, X) - E(X, X)), \ s \in S$$

$E(s, X)$ 表示群体状态为 $X(t)$ 时，使用纯策略 s 所获得的收益。$E(X, X)$ 表示策略 X 的期望收益。多群体复制动态方程为：

$$x_{ih}' = x_{ih} \cdot [E_i(e_{ih}, X_{-i}) - E_i(X)] \cdot x_{ih}, \quad (i = 1, 2, \cdots, n; h = 1, 2, \cdots, m_i)$$

x_{ih} 是混合策略 $X_i = \{X_{i1}, X_{i2}, \cdots, X_{im_i}\}$ 的第 h 个分量，表示群体 i 采用第 h 个

纯策略 e_{ih} 的概率（或选择个体在群体中的比例）。$E_i(X)$ 表示策略组合 X 下，参与者 i 的期望收益。

定义 3：设系统初始状态 x_0 位于以平衡状态 x_e 为球心、以 δ 为半径的闭环域 $S(\delta)$ 内，即 $\|x_0 - x_e\| \leqslant \delta, t = t_0$。若能使系统方程的解 $x(t, x_0, t_0)$ 在 t 无限增加的过程中满足

$$\|x(t, x_0, t_0) - x_e\| \leqslant \varepsilon, \ t \geqslant t_0$$

则称该平衡状态是稳定的。如果该稳定的平衡状态 x_e 满足

$$\lim_{t \to \infty} \|x(t, x_0, t_0) - x_e\| = 0$$

则称平衡状态是渐近稳定的。称动态复制系统平衡点所对应的策略或者策略组合为演化博弈的一个均衡，简称演化博弈均衡。

定理 1：在多群体演化博弈的动态复制系统中，演化稳定策略组合（ESS）是渐近稳定状态，而且渐近稳定状态必是演化稳定策略组合。当且仅当 X 是严格纳什均衡时，策略组合 X 是渐近稳定的。演化稳定策略组合和渐近稳定状态都是纯策略纳什均衡。

定理 2：对于非线性系统：$\dot{x}_i = f_i(x_1, x_2, \cdots, x_n)$，$i = 1, 2, \cdots, n$，$\hat{X} = (\hat{x}_1, \hat{x}_2, \cdots, \hat{x}_n)$ 为其平衡解，将 $\dot{x} = (\dot{x}_1, \dot{x}_2, \cdots, \dot{x}_n)$ 在 $\hat{X}$ 处进行泰勒展开：

$$\dot{x} = \begin{bmatrix} \dfrac{\partial \dot{x}_1}{\partial x_1} & \dfrac{\partial \dot{x}_1}{\partial x_2} & \cdots & \dfrac{\partial \dot{x}_1}{\partial x_n} \\ \dfrac{\partial \dot{x}_2}{\partial x_1} & \dfrac{\partial \dot{x}_2}{\partial x_2} & \cdots & \dfrac{\partial \dot{x}_2}{\partial x_n} \\ \vdots & \vdots & & \vdots \\ \dfrac{\partial \dot{x}_n}{\partial x_1} & \dfrac{\partial \dot{x}_n}{\partial x_2} & \cdots & \dfrac{\partial \dot{x}_n}{\partial x_n} \end{bmatrix} \cdot \begin{bmatrix} x_1 - \hat{x}_1 \\ x_2 - \hat{x}_2 \\ \vdots \\ x_n - \hat{x}_n \end{bmatrix} + F = J \cdot (X - \hat{X}) + F \qquad (6\text{-}1)$$

（1）若 J 的特征根的实部均为负数，则 $\hat{X}$ 渐近稳定；

（2）若 J 的特征根有正实部，则 $\hat{X}$ 不稳定；

（3）若 J 的特征根中有实部为 0，且无实部为正数，则该系统的稳定性取决于余项 F。

6.2.2　用 EGM 模型动态分析民资介入公交效果的适用性

民间资本介入城市公交，存在一个民资企业和国有企业与政府部门竞争博弈的过程，不同比例的民资企业，不同程度地考虑乘客价值介入策略会有不同的变化过程。民资介入公交演化博弈分析能够揭示考虑乘客价值的运营策略在时间维度上的演化规律，获得民资介入公交政策的演化路径和演化稳定策略，并期望向管理者设定的介入策略演化。通过演化博弈分析可以知道，新提出的策略是不是具有动态稳定性；如果不稳定，将会给政府部门带来决策风险，不利于政策实施，需要调整策略使其成为随时间变化稳定的策略。

诸多学者曾应用演化博弈理论来分析交通中的相关问题。关宏志和蒲亮（2010）[106]曾用演化博弈理论分析了有限理性交通出行选择行为；肖海燕（2010）[107]用演化博弈模型分析政府参与下的出行者方式选择行为；Su（2007）[164]构建了城市公交网络的博弈模型。公交系统作为一个复杂的系统，包含多方利益群体，存在博弈的过程，相关研究成果对于民资介入公交的演化博弈分析提供了支持。

民资介入公交模式研究中，策略的演化过程能够调控公交系统向民资介入模式趋近，促使国有公交企业和民资企业占据公交的份额发生演化，并逐渐趋向于演化稳定策略且使份额比例趋向稳定；而之前的定量分析工具没有体现这种动态变化的结果。演化博弈理论不仅假设决策者有限理性与现实更相符，还从时间演化维度上描述了策略的变化规律。演化博弈理论能够克服 6.1 节给出的已有定量方法的不足，在动态描述民资介入策略的稳定性方面上也具有适用性。

6.3　民资介入公交的 EGM 模型

民资介入公交策略的演化博弈分析思路：

从两个阶段分析民资介入公交的效果：第一阶段（6.3.1 节）先从公交管理者、运营者和出行者三个群体博弈的角度，验证考虑乘客价值的民资介入是否是一个有利于公交系统的稳定策略。第二阶段（6.3.2 节）从公交运营者群体内部，分析不同介入模式的演化过程，寻求有利于公交系统的演化稳定策略，从而指导决策者制订合理的介入政策。

6.3.1 公交管理者、运营者和出行者间的多群体演化博弈

设 A 为公交运营者，B 为出行者，C 为公交管理者。A 的策略集为 $S_1=\{A_1,A_2\}=\{$民资介入，民资不介入$\}$；B 的策略集合 $S_2=\{B_1,B_2\}=\{$对民资返还收益感兴趣，对民资返还收益不感兴趣$\}$；C 的策略集合为 $S_3=\{C_1,C_2\}=\{$允许考虑乘客价值的民资介入，不允许考虑乘客价值的民资介入$\}$。三个群体的 $2\times2\times2$ 非对称演化博弈的收益矩阵为：

C 选择 C_1 时三个群体的演化博弈收益矩阵为：

$$
\begin{array}{cc}
& \begin{array}{cc} B_1 & \quad\quad B_2 \end{array} \\
\begin{array}{c} A_1 \\ A_2 \end{array} & \left[\begin{array}{cc} (a_1,b_1,c_1) & (a_2,b_2,c_2) \\ (a_3,b_3,c_3) & (a_4,b_4,c_4) \end{array}\right]
\end{array}
\tag{6-2}
$$

C 选择 C_2 时三个群体的演化博弈收益矩阵为：

$$
\begin{array}{cc}
& \begin{array}{cc} B_1 & \quad\quad B_2 \end{array} \\
\begin{array}{c} A_1 \\ A_2 \end{array} & \left[\begin{array}{cc} (a_5,b_5,c_5) & (a_6,b_6,c_6) \\ (a_7,b_7,c_7) & (a_8,b_8,c_8) \end{array}\right]
\end{array}
\tag{6-3}
$$

假设在有限理性条件下，运营者 A 选择 A_1 的概率是 x，出行者 B 选择 B_1 的概率为 y，管理者 C 选择 C_1 的概率为 z。概率可以解释为群体博弈中选择该策略的倾向性，或者选择该策略的人员（单位）比例。由定义 2 可知，A,B,C 对 x,y,z 的复制动态方程为：

$$
F(x)=\frac{\mathrm{d}x}{\mathrm{d}t}=x(1-x)\{[(a_1-a_3)-(a_5-a_7)]zy+(a_5-a_7)y+ \\
[(a_2-a_4)-(a_6-a_8)]z(1-y)+(a_6-a_8)(1-y)\}
\tag{6-4}
$$

$$
T(y)=\frac{\mathrm{d}y}{\mathrm{d}t}=y(1-y)\{[(b_1-b_2)-(b_5-b_6)]zx+(b_5-b_6)x+ \\
[(b_3-b_4)-(b_7-b_8)]z(1-x)+(b_7-b_8)(1-x)\}
\tag{6-5}
$$

$$H(z) = \frac{\mathrm{d}z}{\mathrm{d}t} = z(1-z)\{[(c_1-c_5)-(c_3-c_7)]xy + (c_3-c_7)y +$$
$$[(c_2-c_6)-(c_4-c_8)]x(1-y) + (c_4-c_8)(1-y)\} \quad （6-6）$$

由定理 1，若演化博弈均衡 X 是渐近稳定状态，则 X 一定是严格纳什均衡，而严格纳什均衡又是纯策略纳什均衡[163]，因此，对于上述的复制动态系统，只要讨论 $E_1(0,0,0)$，$E_2(1,0,0)$，$E_3(0,1,0)$，$E_4(0,0,1)$，$E_5(1,1,0)$，$E_6(1,0,1)$，$E_7(0,1,1)$，$E_8(1,1,1)$ 这八个点的渐近稳定性，其他点都是非渐近稳定状态。由于我们关心的是考虑乘客价值的民资介入模式的稳定性，故下面讨论 $E_8(1,1,1)$ 的渐近稳定性。

动态复制系统在平衡点 E_8 处的 Jacobian 矩阵为：

$$J = \begin{bmatrix} a_3-a_1 & 0 & 0 \\ 0 & b_2-b_1 & 0 \\ 0 & 0 & c_5-c_1 \end{bmatrix} \quad （6-7）$$

其特征值 $\lambda_1 = a_3-a_1$，$\lambda_2 = b_2-b_1$，$\lambda_3 = c_5-c_1$，由定理 2 易知：

（1）当 $a_1 > a_3$，$b_1 > b_2$，$c_1 > c_5$ 时，动态复制系统的平衡点 E_8 渐近稳定，此时 E_8 是汇点；

（2）当 $a_1 < a_3$，$b_1 < b_2$，$c_1 < c_5$ 时，E_8 是不稳定的，此时 E_8 是源点；

（3）当 a_3-a_1，b_2-b_1，c_5-c_1 有一负两正或一正两负时，E_8 是不稳定的，此时 E_8 是鞍点。

根据收益矩阵的含义，如果三个参与群体在考虑乘客价值的民资介入后的收益大于介入前的收益，那么考虑乘客价值的民资介入模式是渐近稳定的。第 5 章的研究内容及论文[7]给出了肯定的前提，易知，考虑乘客价值的民资介入模式是多群体演化稳定的。

6.3.2　公交运营者群体内部演化博弈模型（EGM）

假设民资企业介入公交运营，考虑乘客价值的介入模式称为"乘客价值模式（新模式）"，未考虑乘客价值的介入模式称为"非价值模式（旧模式）"。国有公交企业面临民资的竞争也可以采用考虑乘客价值的运营模式。假设公交管理者开放公交市场，符合条件的民资企业都可以参与到公交线路的运营中；公交管理者允许公交运营者考虑乘客价值进行收益，并返还一部分收益给乘客以提高公交的吸引力。对于国有公交企业来说，存在旧模式和新模式两种运营模式；对于民资企业，也有上述两种策略。根据上一章公交运营者的收益分析，国有公交企业和私营公交企业分别选择不同策略时相应的收益如表 6-1 所示；公式（6-8）~（6-15）给出了收益矩阵的元素具体表现形式。收益矩阵是非对称的，因为一方运营者的策略将会影响其他运营者的策略，并且公私运营者的效率是不同的。在收益矩阵（见表 6-1）中，S_1 为新策略（考虑乘客价值的运营模式策略），即考虑乘客价值并且返还一部分收益给公交乘客；S_2 为旧策略（不考虑乘客价值的运营策略），即不考虑乘客价值，也不对乘客进行收益返还。

表 6-1 民资企业和国有企业采取不同运营策略的收益矩阵

国有公交企业	民资介入企业	
	新模式 S_1	旧模式 S_2
新模式 S_1	$E(S_1, S_1): a_1 + b_1$	$E(S_1, S_2): a_2 + b_2$
旧模式 S_2	$E(S_2, S_1): a_3 + b_3$	$E(S_2, S_2): a_4 + b_4$

$$a_1 = S_{publicS_1}^{S_1} = \sum_{i=1}^{n} f_i^1 Q_i^1 + \sum_{i=1}^{n} B_{subsidy}^{i1} + \sum_{i=1}^{n} B_{other}^{i1} + \sum_{i=1}^{n} \varphi(T, Q_i^1, M_{account}^{i1}) -$$
$$\sum_{i=1}^{n} C_{new}^{i1}(F_i^1) - \sum_{i=1}^{n} C_{returen}^i(Q_i^1) \qquad (6\text{-}8)$$

$$a_2 = S_{publicS_1}^{S_2} = \sum_{i=1}^{n} f_i^2 Q_i^2 + \sum_{i=1}^{n} B_{subsidy}^{i2} + \sum_{i=1}^{n} B_{other}^{i2} + \sum_{i=1}^{n} \varphi(T, Q_i^2, M_{account}^{i2}) -$$
$$\sum_{i=1}^{n} C_{new}^{i2}(F_i^2) - \sum_{i=1}^{n} C_{returen}^i(Q_i^2) \qquad (6\text{-}9)$$

$$a_3 = S_{publicS_2}^{S_1} = \sum_{i=1}^{n} f_i^3 Q_i^3 + \sum_{i=1}^{n} B_{subsidy}^{i3} + \sum_{i=1}^{n} B_{other}^{i3} - \sum_{i=1}^{n} C_{old}^{i3}(F_i^3) \qquad (6\text{-}10)$$

$$a_4 = S_{publicS_2}^{S_2} = \sum_{i=1}^{n} f_i^4 Q_i^4 + \sum_{i=1}^{n} B_{subsidy}^{i4} + \sum_{i=1}^{n} B_{other}^{i4} - \sum_{i=1}^{n} C_{old}^{i4}(F_i^4) \qquad (6\text{-}11)$$

$$b_1 = S_{privateS_1}^{S_1} = \sum_{j=n+1}^{m} f_j^1 Q_j^1 + \sum_{j=n+1}^{m} B_{subsidy}^{j1} + \sum_{j=n+1}^{m} B_{other}^{j1} - \sum_{j=n+1}^{m} C_{new}^{j1}(F_j^1) +$$
$$\sum_{j=n+1}^{m} \varphi(T, Q_j^1, M_{account}^{j1}) - \sum_{j=n+1}^{m} C_{return}^{j}(Q_j^1) - \sum_{j=n+1}^{m} B_{return}^{j} \qquad (6\text{-}12)$$

$$b_2 = S_{privateS_2}^{S_1} = \sum_{j=n+1}^{m} f_j^2 Q_j^2 + \sum_{j=n+1}^{m} B_{subsidy}^{j2} + \sum_{j=n+1}^{m} B_{other}^{j2} - \sum_{j=n+1}^{m} C_{new}^{j1}(F_j^1) - \sum_{j=n+1}^{m} B_{return}^{j}$$
$$(6\text{-}13)$$

$$b_3 = S_{privateS_1}^{S_2} = \sum_{j=n+1}^{m} f_j^3 Q_j^3 + \sum_{j=n+1}^{m} B_{subsidy}^{j3} + \sum_{j=n+1}^{m} B_{other}^{j3} - \sum_{j=n+1}^{m} C_{new}^{j3}(F_j^3) +$$
$$\sum_{j=n+1}^{m} \varphi(T, Q_j^3, M_{account}^{j2}) - \sum_{j=n+1}^{m} C_{return}^{j}(Q_j^3) - \sum_{j=n+1}^{m} B_{return}^{j} \qquad (6\text{-}14)$$

$$b_4 = S_{privateS_2}^{S_2} = \sum_{j=n+1}^{m} f_j^4 Q_j^4 + \sum_{j=n+1}^{m} B_{subsidy}^{j4} + \sum_{j=n+1}^{m} B_{other}^{j4} - \sum_{j=n+1}^{m} C_{new}^{j4}(F_j^4) - \sum_{j=n+1}^{m} B_{return}^{j}$$
$$(6\text{-}15)$$

其中 $S_{publicS_i}^{S_j}(f,F)$ 表示在票价 f 和发车频率 F 下，如果民资企业采用策略 S_j，国有企业采用 S_i 时（$i=1,2; j=1,2$；S_1 表示新模式，S_2 表示旧模式），国有企业的收益。$S_{privateS_i}^{S_j}(f,F)$ 的含义类似。

Q_i 表示线路 i 的客流，可根据 MNL 模型计算求解[7]（见 5.3.1 节中 Q 的解释）；$B_{subsidy}^i$ 表示线路 i 的补贴；B_{other}^i 表示线路 i 的其他收益（车体广告、站台广告和电子商务平台广告收益），与客流量关系密切；$C^i(F_i)$ 表示运营公司分别采用新、旧策略时，线路 i 在发车频率 F_i 时的运营成本；φ 是一个收益函数，与时间 T、客流 Q 和公交卡账户余额 $M_{account}$ 有关；$C_{return}(Q)$ 表示返还给乘客 Q 的收益；B_{return}^j 表示民资介入线路 j 的介入费用；n 是国有公交线路数，m 是所有线路数，$n \leq m$。

对于公交市场，所有的公交公司都可以看成一个大的竞争群体。例如，济南市有 7 家公交运营公司[162]，广州市曾经有超过 20 家公交运营公司[145]。假设公交行业向市场放开，所有符合条件的私有部门都有相同的机会介入到公共交通的运营中，那么，所有的国营和私营公交企业构成演化博弈的参与群体。接下来看一下运营者内部运营模式的博弈演化，并从演化博弈的角度考虑第 4 章提出的"乘客价值模式"是否更有生命力。

假设运营者在时间 t 选择策略 S_i 的比例是 $P_{S_i}(t),(i=1,2)$，运营者采用策略 S_i 的收益是 $W(S_i),(i=1,2)$，则所有运营者的平均收益 $\overline{W}$，W 表示为：

$$W(S_1) = P_{S_1} \cdot E(S_1,S_1) + P_{S_2} \cdot E(S_1,S_2) \tag{6-16}$$

$$W(S_2) = P_{S_1} \cdot E(S_2,S_1) + P_{S_2} \cdot E(S_2,S_2) \tag{6-17}$$

$$\overline{W} = P_{S_1} \cdot W(S_1) + P_{S_2} \cdot W(S_2) \tag{6-18}$$

所以复制动态微分方程为：

$$
\begin{aligned}
P'_{S_1} &= P_{S_1} \cdot (W(S_1) - \overline{W}) = P_{S_1} \cdot P_{S_2} \cdot (W(S_1) - W(S_2)) \\
&= P_{S_1} \cdot (1 - P_{S_1}) \cdot [(a_1 + b_1 + a_4 + b_4 - a_2 - b_2 - a_3 - b_3) \cdot P_{S_1} + a_2 + b_2 - a_4 - b_4]
\end{aligned}
\tag{6-19}
$$

$$
\begin{aligned}
P'_{S_2} &= P_{S_2} \cdot (W(S_2) - \overline{W}) = P_{S_1} \cdot P_{S_2} \cdot (W(S_2) - W(S_1)) \\
&= P_{S_2} \cdot (1 - P_{S_2}) \cdot [(a_1 + b_1 + a_4 + b_4 - a_2 - b_2 - a_3 - b_3) \cdot P_{S_2} + a_3 + b_3 - a_1 - b_1]
\end{aligned}
\tag{6-20}
$$

6.4 民资介入公交 EGM 模型性质及求解算法

6.4.1 民资介入公交 EGM 模型性质

为了获得民资介入公交的演化稳定策略，下面给出两个定义、一个定理和两个命题。

定义 4：代数方程 $f(x) = 0$ 的实根 $x = x_0$ 称为微分方程 $x'(t) = f(x)$ 的一个均衡点。如果从任意可行的初始条件开始，解 $x(t)$ 满足 $\lim\limits_{t \to \infty} x(t) = x_0$，则均衡点 x_0 是稳定的；否则，x_0 是不稳定的。

定义 5：如果微分方程 $x'(t) = f(x)$ 在均衡点 x_0 处泰勒展开，则线性方程 $x'(t) = f'(x) \cdot (x - x_0)$ 称为微分方程 $x'(t) = f(x)$ 的一个近似线性方程。

定理 3（微分方程均衡点的稳定性定理）[165, 166] 设 x_0 是微分方程 $x'(t) = f'(x) \cdot (x - x_0)$ 的一个均衡点。如果 $f'(x_0) < 0$，则 x_0 是线性微分方程

$x'(t) = f'(x) \cdot (x - x_0)$ 的一个均衡点，并且微分方程满足 $x'(t) = f(x)$；反之，如果 $f'(x_0) > 0$，x_0 不是上述方程的稳定点。

命题 1：如果 $u_1 + v_1 > u_3 + v_3$，$u_4 + v_4 < u_2 + v_2$，即：所有运营者都采用新策略（价值模式）时的总收益大于只有私营部门采用新策略时的总收益；同时，所有运营者都采用旧策略（非价值模式）时的总收益小于只有私营部门采用旧策略时的总收益。上述条件下，运营策略系统有两个均衡点：$P_{S_1}^a(t) = 0$，$P_{S_1}^b(t) = 1$，并且 $P_{S_1}^b(t) = 1$ 是局部演化均衡点。

如果 $u_1 + v_1 > u_3 + v_3$，$u_4 + v_4 > u_2 + v_2$，即：所有运营者都采用新策略时的总收益大于只有私营部门采用新策略时的总收益；同时，所有运营者都采用旧策略时的总收益大于只有私营部门采用新策略时的总收益。上述条件下，运营策略系统有三个均衡点：

$$P_{S_1}^a(t) = 0 , \quad P_{S_1}^b(t) = 1 \quad \text{和} \quad P_{S_1}^c(t) = \frac{u_4 + v_4 - u_2 - v_2}{u_1 + v_1 + u_4 + v_4 - u_2 - v_2 - u_3 - v_3}$$

其中 $P_{S_1}^a$ 和 $P_{S_1}^b$ 是局部演化稳定点，$P_{S_1}^c$ 不是局部演化稳定点。

证明：定义

$$f(S_1) \overset{\text{def}}{=} P_{S_1}' = P_{S_1} \cdot (1 - P_{S_1}) \cdot [(u_1 + v_1 + u_4 + v_4 - u_2 -$$
$$v_2 - u_3 - v_3) \cdot P_{S_1} + u_2 + v_2 - u_4 - v_4]$$

因为 $u_1 + v_1 > u_3 + v_3$，$u_4 + v_4 < u_2 + v_2$，并且 $0 \leqslant P_S \leqslant 1$，显然有：在条件 $u_1 + v_1 + u_4 + v_4 < u_2 + v_2 + u_3 + v_3$ 下，$\dfrac{u_4 + v_4 - u_2 - v_2}{u_1 + v_1 + u_4 + v_4 - u_2 - v_2 - u_3 - v_3} > 1$；在条件 $\dfrac{u_4 + v_4 - u_2 - v_2}{u_1 + v_1 + u_4 + v_4 - u_2 - v_2 - u_3 - v_3} < 0$ 下，$u_1 + v_1 + u_4 + v_4 > u_2 + v_2 + u_3 + v_3$。很显然，$\dfrac{u_4 + v_4 - u_2 - v_2}{u_1 + v_1 + u_4 + v_4 - u_2 - v_2 - u_3 - v_3}$ 不是一个均衡点。同时，如果 $u_1 + v_1 + u_4 + v_4 = u_2 + v_2 + u_3 + v_3$，函数 $f(S_1)$ 的第三部分 $u_2 + v_2 - u_4 - v_4 < 0$。因此，均衡点是 $P_{S_1}^a(t) = 0$，$P_{S_1}^b(t) = 1$。

下一步对 $f(S_1)$ 关于 S_1 求导：

$$f'(S_1) = (1-2P_{S_1}) \cdot [(u_1+v_1+u_4+v_4-u_2-v_2-u_3-v_3) \cdot P_{S_1} +$$
$$u_2+v_2-u_4-v_4] + (P_{S_1}-P_{S_1}^2) \cdot (u_1+v_1+u_4+v_4-u_2-v_2-u_3-v_3)$$

（ⅰ）如果 $P_{S_1}^a = 0$ ，$f'(0) = u_2+v_2-u_4-v_4 > 0$ ，因此， $P_{S_1}^a$ 不是局部演化稳定点（根据定理 3）。

（ⅱ）如果 $P_{S_1}^b = 1$ ，$f'(1) = u_3+v_3-u_1-v_1 < 0$ ，$P_{S_1}^b$ 是一个局部演化稳定点。在条件 $u_1+v_1 > u_3+v_3$ ， $u_4+v_4 > u_2+v_2$ 下，可以推出

$$f'(0) < 0 , \quad f'(1) < 0$$

则 $P_{S_1}^a$ 和 $P_{S_1}^b$ 是局部演化稳定点，因为 $0 < \dfrac{u_4+v_4-u_2-v_2}{u_1+v_1+u_4+v_4-u_2-v_2-u_3-v_3} < 1$ ；

$P_{S_1}^c(t) = \dfrac{u_4+v_4-u_2-v_2}{u_1+v_1+u_4+v_4-u_2-v_2-u_3-v_3}$ 是第三个均衡点，但是 $P_{S_1}^c(t)$ 不是演化稳定点，因为 $f'(P_{S_1}^c) > 0$ 。

命题 2：如果 $u_1+v_1 < u_3+v_3$ ， $u_4+v_4 > u_2+v_2$ ，即：所有运营者都采用新策略时的总收益小于只有私营部门使用新策略时的总收益；同时，所有运营者都采用旧策略时的总收益高于只有私营部门使用旧策略时的总收益。上述条件下，运营策略系统有两个均衡点： $P_{S_1}^a(t) = 0$ ， $P_{S_1}^b(t) = 1$ ，并且 $P_{S_1}^a(t) = 0$ 是局部演化稳定点。

如果 $u_1+v_1 < u_3+v_3$ ， $u_4+v_4 < u_2+v_2$ ，即：所有运营者都采用新策略时的总收益小于只有私营部门使用新策略时的总收益；同时，所有运营者都采用旧策略时的总收益小于只有私营部门使用旧策略时的总收益。上述条件下，运营策略系统含有三个均衡点：

$$P_{S_1}^a(t) = 0 , \quad P_{S_1}^b(t) = 1$$

$$P_{S_1}^c(t) = (u_4+v_4-u_2-v_2)/(u_1+v_1+u_4+v_4-u_2-v_2-u_3-v_3)$$

其中 $P_{S_1}^c$ 是一个局部演化稳定点。

证明：类似于命题 1 的证明。

不同运营策略下公私部门收益的关系决定了演化稳定点的存在性和数量。从演化稳定点的分析结果可以看出，通过运营者的不断尝试可以从运营策略集中找到演化稳定的策略。这回答了在可行的策略集合中，哪些

策略是演化稳定的；也回答了运营者的策略选择行为如何影响演化稳定策略。通过引入民资部门介入公共交通，国有公交企业和整个公交系统收益会受到相应的影响。具体的影响过程可以从 6.5 节的案例分析中看出。

6.4.2 民资介入公交 EGM 模型求解算法

求解线性问题和非线性问题 $f(x)=0$ 的经典算法是牛顿法[167]。然而目前，拟牛顿法①正在被广泛应用，它用以求解线性和非线性系统的最小化问题[168]。相比牛顿法，拟牛顿法的主要优点是用近似的 Hessian 矩阵取代了牛顿法中的 Jacobian 矩阵（或者说在拟牛顿法中的，Hessian 矩阵是近似的），近似的 Hessian 矩阵不需要可逆。拟牛顿法的主要吸引力在于避免了求解 Jacobian 矩阵时烦琐的求导计算[167]（见图 6-1）。

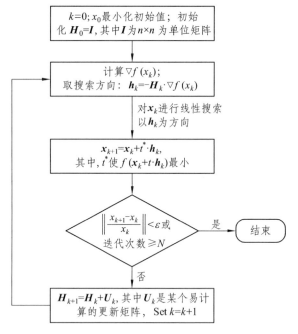

图 6-1 拟牛顿法流程图

---

① 拟牛顿法作为牛顿法的替代方法，常用来寻找函数的零点、局部最小点或最大点。如果 Jacobian 矩阵或者 Hessian 矩阵难以获得，或者每次迭代的计算量过大，都可以使用拟牛顿法[167]。

拟牛顿法也是重复迭代的过程，它包含一系列的线性搜索，在每次迭代中一般只需要计算 f 和 ∇f。拟牛顿法中，搜索方向的选择与其他算法有所不同[167]。该算法的第 k 个阶段需要计算某个特定矩阵 $\boldsymbol{H}_k$，这个计算比较容易也很快捷，而且矩阵 $\boldsymbol{H}_k$ 是假定为 $\boldsymbol{H}^{-1}(x_k)$ 的近似矩阵，其中 $\boldsymbol{H}^{-1}(x_k)$ 是目前迭代中函数 f 的 Hessian 矩阵的逆矩阵，尽管在一些方法中近似等于 Hessian 矩阵自身。在该算法中，不需要求解线性系统 $\boldsymbol{H}(x_k)\cdot\boldsymbol{h}_k=-\nabla f(x_k)$，只需要简单做乘来寻找搜索方向 $\boldsymbol{h}_k=-\boldsymbol{H}_k\cdot\nabla f(x_k)$。

拟牛顿算法的形式类似于牛顿算法（见图 6-1）。拟牛顿法通常是无约束最优化软件中的常用算法。从上面的分析可知，牛顿法和拟牛顿法被广泛用来求解线性和非线性系统的最值问题。但是，拟牛顿法用近似的 Hessian 矩阵取代了牛顿法中的 Jacobian 矩阵，避免了求 Jacobian 矩阵的烦琐计算，并且 Hessian 矩阵不要求可逆。Matlab 优化算法工具箱提供了很多实现梯度下降的功能，本书使用 Matlab 的最优化工具箱调用拟牛顿算法来求解演化博弈模型。

6.5　案例分析

6.5.1　案例背景介绍

下面以济南公交为例。截至 2016 年年底，济南市拥有 7 家公交运营公司，公交线路 240 条，BRT 8 条，日均客流量 240 万人次。假设民资企业介入 BRT 线路，与国有公交企业享有相同的财政补贴；租赁合同中（见第 4 章考虑乘客价值的民资介入公交操作流程）规定票价 f 的范围和发车频率 F 等服务约束，允许介入企业考虑乘客价值获取收益（除了票款收入和传统的站台、车体广告收入，还有基于公交客户群体的电子商务平台广告收益，公交卡账户现金流收益），民资企业可以用部分收益返给乘客，从而吸引更多出行者乘公交来集聚更多的乘客资源。面对民资的介入，国有公交有更多的动力调整运营策略来提升自身的竞争力，当然国有公交企业也可以采取乘客价值模式的运营策略。公私企业根据竞争者的运营策略，选取相应策略以获得最优效益。

6.5.2 EGM 模型参数初值

根据济南公交的运营数据和 2011 年济南市大规模居民出行调查，得到参数值（见表 6-2）。其中 T 是时间（下标表示运行时间、步行时间和等车时间），β 是时间价值系数，r 是除去票款的收益系数（$r_{publicother}$ 是国有公交的广告收益系数，$r_{privateother}$ 是民资企业的广告收益系数，$r_{publicaccount}$ 是国有企业采用乘客价值模式时公交卡现金流的收益率，$r_{privateaccount}$ 是民资企业的公交卡现金流收益率，r_{return} 是乘客价值模式下，公交卡现金流收益中返给乘客的比例），C 是运行成本，θ 是 MNL 模型中成本变量的系数，其他参数的含义见 6.3.2 节。为简单起见，选取客流量 4000～20000（人次/天）的局部路网进行计算，模型计算结果如表 6-3 所示。

表 6-2　演化博弈模型中的参数取值

参数	取值	参数	取值	参数	取值	参数[5]	取值
f_{bus}^{min}	1 元	$T_{cartravel}$	30 分钟	B_{return}	1000 元/天	θ_{busfee}	-0.1
f_{bus}^{max}	3 元	$T_{buswalk}$	8 分钟	$r_{publicother}$	0.1 元/乘次	θ_{brtfee}	-0.08
f_{brt}^{min}	2 元	$T_{brtwalk}$	6 分钟	$r_{privateother}$	0.15 元/乘次	θ_{carfee}	-0.06
f_{brt}^{max}	5 元	$\beta_{bustravel}$	20 元/时	Q	4000～20000trip/d	$\theta_{buswalk}$	-0.15
f_{car}	1 元/公里	$\beta_{buswait}$	25 元/时	C_{bus}	3 元/车公里	$\theta_{brtwalk}$	-0.1
F_{bus}^{min}	4 班/时	$\beta_{buswalk}$	25 元/时	C_{brt}	5 元/车公里	$\theta_{buswait}$	-0.2
F_{bus}^{max}	15 班/时	$\beta_{brttravel}$	25 元/时	C_{car}	1 元/公里	$\theta_{brtwait}$	-0.15
F_{brt}^{min}	6 班/时	$\beta_{brtwait}$	30 元/时	$M_{account}$	20 元	$\theta_{bustravel}$	-0.12
F_{brt}^{max}	20 班/时	$\beta_{brtwalk}$	30 元/时	$r_{publicaccount}$	15%	$\theta_{brttravel}$	-0.1
$T_{bustravel}$	45 分钟	$\beta_{cartravel}$	35 元/时	$r_{privateaccount}$	20%	$\theta_{cartravel}$	-0.08
$T_{brttravel}$	35 分钟	$B_{subsidy}$	1 元/乘次	r_{return}	0.5		

表 6-3　公私部门采用不同策略下的收益分布

Q	f		F		E(u, v)							
	f_{bus}	f_{brs}	F_{bus}	F_{brs}	u_1	v_1	u_2	v_2	u_3	v_3	u_4	v_4
	3	5	4.89	7.26	5 926	7 542						
4×10^3	3	5	4.90	7.25			5 927	7 444				
	3	5	4.88	7.26					5 918	7 456		
	3	5	4.89	7.26							5 919	7 445
	3	5	6.46	9.60	10 400	13 808						
7×10^3	3	5	6.48	9.59			10 402	13 790				
	3	5	6.44	9.60					10 387	13 811		
	3	5	6.46	9.59							10388	13 793
	3	5	7.71	11.47	14 879	20 164						
10×10^3	3	5	7.73	11.46			14 882	20 139				
	3	5	7.69	11.47					14 860	20167		
	3	5	7.71	11.46							14 862	20 142
	3	5	9.44	14.04	22 349	32 900						
15×10^3	3	5	9.46	14.03			22 353	30 722				
	3	5	9.41	14.05					22321	30 765		
	3	5	9.44	14.04							22 324	30 727
	3	5	10.89	16.21	29 824	43 519						
20×10^3	3	5	10.92	16.20			29 829	41 306				
	3	5	10.86	16.22					29 786	41 363		
	3	5	10.89	16.20							29 791	41 313

6.5.3　EGM 模型求解及结果分析

根据表 6-2 的参数值和收益函数（6.4.2 节），利用 Matlab 工具箱中的拟牛顿算法，容易求得公私部门采用不同策略下的收益矩阵（见表 6-3）。在没有考虑出行者成本约束的条件下，国有公交企业和私营公交企业都会选择最高的票价。第 5 章的结论也指出了不考虑乘客出行成本的情况下，公交运营者会选择高票价。公交管理部门应当考虑这个情况，在合同中添加考虑乘客出行成本的约束。从表 6-3 可看出，随着公交客流需求的增加，BRT 运营者（民资企业）和常规公交运营者（国有公交企业）都会增加发车频率，因为最大收益与公交客流需求关系紧密，高的发车频率能够吸引更多的公交乘客。

一个运营者能够达到收益的最大值，如果该运营者采用乘客价值的运营模式，而其他运营者采用非乘客价值运营模式。然而，只有当公私运营部门都采用新策略（乘客价值运营策略），所有运营者的总收益才会达到最大值（见表 6-4）。因此，对于公交系统来说，最好的情况是所有的运营者都采用新运营策略。

表 6-4 不同客流需求下总收益分布

Q/trip/day	$E(S_1, S_1): a_1 + b_1$	$E(S_1, S_2): a_2 + b_2$	$E(S_2, S_1): a_3 + b_3$	$E(S_2, S_2): a_4 + b_4$
$Q = 4\,000$	13 380	13 371	13 374	13 364
$Q = 7\,000$	24 208	24 192	24 197	24 181
$Q = 10\,000$	35 043	35 020	35 027	35 005
$Q = 15\,000$	53 109	53 075	53 085	53 051
$Q = 20\,000$	71 180	71 135	71 149	71 104

表 6-4 汇总了不同客流需求下，公私部门采用不同策略的总收益情况。结果显示，当民资和国有运营企业都选用"乘客价值模式"运营策略时，所有运营企业的总收益达到最大值；运营企业都选用不考虑乘客价值的运营策略（旧模式）时，运营企业的总收益最低。表 6-4 也显示了考虑乘客价值的运营策略比不考虑乘客价值的运营策略更具有优势，即如果一个运营者维持传统的运营策略，他将在与其他运营者竞争的过程中失败。公交管理者可以将收益信息和运营者的运营策略公开发布，从而引导公交运营者进行策略调整以提高收益。

表 6-5 给出了不同公交客流需求下，国有公交企业和私营公交企业的

复制者动态微分方程，通过复制者微分方程可以发现公私运营部门策略调整的过程。为了展示策略调整的过程，需要绘制复制者动态微分方程的图像。因为表 6-5 中的微分方程无法求出其原函数解析式，接下来我们利用描点作图的形式将微分方程的原函数图像描绘出来，以分析客流需求和初始选择不同策略的规模对策略演化过程的影响。

表 6-5　不同客流需求下复制者动态微分方程

Q/trip/day	P'_{S_1}	P'_{S_2}
$Q=4\,000$	$P_{S_1}(1-P_{S_1})(7-P_{S_1})$	$-P_{S_2}(1-P_{S_2})(6+P_{S_2})$
$Q=7\,000$	$11P_{S_1}(1-P_{S_1})$	$-11P_{S_2}(1-P_{S_2})$
$Q=10\,000$	$P_{S_1}(1-P_{S_1})(P_{S_1}+15)$	$P_{S_2}(1-P_{S_2})(P_{S_2}-16)$
$Q=15\,000$	$24P_{S_1}(1-P_{S_2})$	$-24P_{S_2}(1-P_{S_2})$
$Q=20\,000$	$31P_{S_1}(1-P_{S_2})$	$31P_{S_2}(1-P_{S_2})$

为简化起见，令 $x(1)=P_{S_1}$，$x(2)=P_{S_2}$，让 P_{S_1} 取值 0.25，0.5，0.75，相应的 P_{S_2} 取值 0.75，0.5，0.25。在条件 $Q=4000$，7000，10000，15000，20000 下，复制者动态 RD 微分方程的演化路径可以用 Matlab 画出（见图 6-2 ～图 6-6）。从图 6-2 ～图 6-6 可以看出，理论上所有的运营者最终会选择新运营策略(考虑乘客价值的运营策略)而使系统达到稳定，其中 $P_{S_1}=1$，$P_{S_2}=0$ 为两个演化稳定点；这两个演化稳定点也可以从命题 1 中导出。

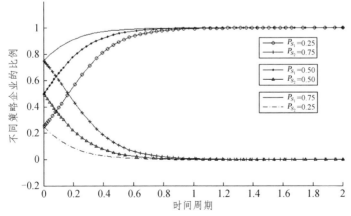

图 6-2　运营策略演化趋势图（ $Q=4000$ 人次/天 ）

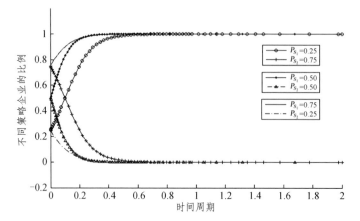

图 6-3　运营策略演化趋势图（$Q = 7000$ 人次/天）

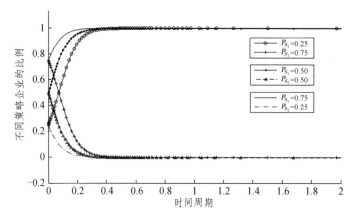

图 6-4　运营策略演化趋势图（$Q = 10000$ 人次/天）

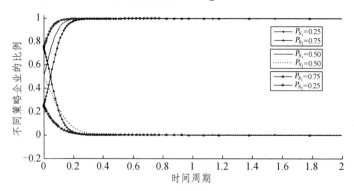

图 6-5　运营策略演化趋势图（$Q = 15000$ 人次/天）

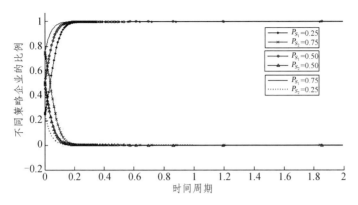

图 6-6 运营策略演化趋势图（$Q = 20000$ 人次/天）

这五幅图的不同之处在于，随着公交客流需求的增加，运营者提高学习能力的速度以及调整运营策略的速度均会加快。在客流需求 Q=10000 trip/day 时，运营者在 0.4 个时间周期内完成策略调整（如果合同周期是 1 年，4.8 个月完成策略调整）；在 Q = 4000 trip/day 时，运营者在 1 个时间周期结束才会调整运营策略；在 Q = 15000 trip/day 时，系统在 0.2 个周期达到稳定；在 Q=20000 trip/day 时，系统达到稳定的时间降低到 0.1 个周期。图示展示了客流对运营者的重要性，因为运营者的主要收益来自乘客。书中提出的考虑乘客价值的运营策略给乘客部分收益，对乘客更具有吸引力，也有利于运营者积累更多的乘客资源从而产生更多的收益（票款、现金流和各种广告收益），因而比旧模式更具有优越性、更有利于财务可持续，因此考虑乘客价值的运营模式应该鼓励。从图 6-2 ~ 图 6-6 可知，考虑乘客价值的运营模式是演化稳定的，运营者最终都采用"乘客价值模式"策略，而且在客流一定的情况下，选用新策略运营的企业比例越高，系统调整策略的速度越快。例如，图 6-2 中，Q = 4000 时，如果 $P_{S_1} = 0.25$，$P_{S_2} = 0.75$，则公交系统在 1 个合同周期达到稳定状态；如果 $P_{S_1} = 0.50$，$P_{S_2} = 0.50$，则公交系统在 0.7 个周期达到稳定状态；如果 $P_{S_1} = 0.75$，$P_{S_2} = 0.25$，则公交系统在 0.4 个周期达到稳定状态。图 6-3 ~ 图 6-6 也体现了这个规律。这说明，初始选择新策略的企业比例会影响系统达到稳定的时间，管理者可以通过优惠措施来引导运营者选择新策略，以加速公交系统达到收益最佳和系统稳定的状态。

6.6 研究结论

民资进入城市公交行业符合当前国家的政策环境（见附录 B 的法律法规政策文件）。针对以往研究的局限性，本书引入了考虑乘客价值的民资介入公交模式，并构建了民资介入公交的定量分析演化博弈模型，通过济南公交案例定量分析民资介入公交的效果。由于演化博弈理论是基于决策者的有限理性，因而与现实更相符。分析结果表明，考虑乘客价值的民资介入公交模式是演化稳定的，有利于公交系统总收益的提高（见表 6-3，表 6-4），比传统运营模式更具有优越性，而且初始选用价值模式策略运营的企业比例越高，系统调整策略进行优化的速度越快。研究结果为管理者找到演化稳定策略，设计更高效的介入合同，优化公交系统提供了理论基础。

发达国家的经验表明，公交系统摆脱困境的出路是确立公私部门之间的竞争，即将民间资本引入公共交通领域[13, 169]。而在我国，国有公交企业正面临改制的问题，引入民资使民营企业与国有公交企业展开竞争将是一个有效途径，其最终目标是提高公交系统的效率，因为竞争能够帮助国有部门意识到自身的低效率并提高自身的竞争力。也就是说，公交系统的竞争过程和演化博弈将会提高公交系统的效率。

本书的研究成果为管理者设计合理的民资介入模式，并评测民资介入公交模式的动态效果，调整公交系统以达到收益最佳和系统稳定状态，提供了理论支持。基于本章建立的 EGM 模型，可以开展更详细、更深入的研究。在案例分析中，参数值是作为固定值给出的，有一定的局限性。此外，为了简化计算，案例分析中只考虑了 BRT、常规公交和小汽车之间的竞争。关于更复杂网络的竞争策略，需要进一步研究。毕竟，本章建立的 EGM 模型为管理者和研究人员提供了一个定量分析的工具，为指导民资介入公交进行更深入的研究打下了基础。

6.7　小　结

　　本章讨论了为什么要进行民资介入公交的动态评价，介绍了演化博弈理论及其适用性。本章构建了民资介入公交的 EGM 模型，并分析了模型的性质和求解算法。通过济南公交案例分析，得出第 4 章提出的考虑乘客价值的民资介入公交模式是演化稳定的；公交客流需求越大，运营企业调整为乘客价值模式运营策略会越迅速；考虑乘客价值的公交运营策略比不考虑公交乘客价值更具有优越性，价值模式应该大力提倡。此外，初始选择新策略的企业比例会影响系统达到稳定的速度，管理者可以通过发布运营策略和运营收益的方式，以调整初始选择新策略的运营者数量。

　　本章的研究结果对于指导公交管理部门设计稳定的民资介入公交策略，提高公交系统的效率，以及进一步的研究奠定了基础。

第 7 章　民资介入公交系统评价方法研究

前面两章分别从静态和动态的角度建立模型,定量评价民资介入公交策略的效果。本章是在前面工作的基础上,从系统的角度对民资介入公交进行定量评价。首先引入问题:为什么要对民资介入公交进行系统评价?其次是系统评价的理论选择(系统动力学理论)介绍及其适用性分析。再次是建立民资介入公交的系统动力学模型,并进行模型校验。最后是案例分析,利用构建的系统动力学模型分析评价民资介入对于交通系统能耗排放的影响,并给出相应的政策建议。

7.1　问题引入

以往关于民资介入公交的研究多是定性阐述[44, 170, 171],定量研究主要也是考虑时间和费用的成本[7, 11, 78],未从系统角度进行阐述,这可能会遗漏一些外部因素(例如环境因素)。Rouhani[172] 指出,仅用出行时间和费用成本衡量 PPP 交通项目会有所误导(例如,还有环境的外部因素),将排放和燃油消耗计入 PPP 项目总成本后,会发现有些 PPP 项目会产出更多的收益[173]。而且,目前城市大气环境问题日益突出,如果民资介入公交能够给环境带来积极影响将是管理者和决策者所期望的,这给公共交通的正外部性进行补贴也提供了依据。

综合来看,有关民资介入公交的研究缺乏在系统范围内对排放和燃油消耗的研究[172, 174],因此,如何结合已有研究,系统全面地评价民资介入公交的效果(包括环境方面)是值得探讨的问题。下面将系统动力学(System Dynamics, SD)理论作为系统评价民资介入公交的理论工具,并讨论该理论的适用性。

7.2 系统动力学（SD）理论及适用性

7.2.1 系统动力学（SD）理论

SD 理论是通过构建 SD 模型进行仿真量化系统行为，刻画同一系统内不同要素间内在关系的仿真方法。其最基本的要素栈（stock）、流（flow）可理解为水流入蓄水池或银行账户利息的累积过程[145]。

SD 建模方法主要分为四个步骤：首先，根据研究目标确定 SD 建模范围和边界；其次，细分研究对象为若干子系统，确定子系统的结构关系和变量间的因果关系；再次，建立系统流图来反映因果关系图中变量间的正、负反馈行为特性，识别变量类型，并建立描述变量相互关系的动力学方程；最后，对 SD 模型进行检验，如果检验未通过则返回第一步修正模型，如图 7-1 所示。通过检验后的 SD 模型，可以用来进行变量分析和政策评价。

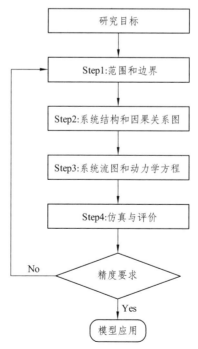

图 7-1 系统动力学 SD 建模过程

SD 行为仿真：首先，从民资介入公交策略出发构建若干子系统；然后，按照民资介入公交策略系统行为特性，将与介入策略直接相关的公交供需子系统组合成正、负反馈回馈，进而形成复杂的民资介入公交策略仿真系统。

7.2.2　用 SD 理论系统分析民资介入公交效果的适用性

如何分析民资介入公交所带来的能源和环境效果是非常复杂的问题，而系统动力学（System Dynamics，SD）方法能够较好地预测系统变量时间累积效果和变化趋势[145]。鉴于此，王德鲁用系统动力学理论研究煤炭城市应对能源价格冲击的政策[175]；Abbas 和 Bell[176] 曾研究 SD 在交通建模中的适用性，表明利用 SD 可以构建很有用的工具来评测相关的交通政策。不少学者曾在 PPP 项目分析中采用了 SD 方法。例如，Egilmez[173] 曾用 SD 方法研究城市快速路的碳排放累积问题，段世霞[177] 用 SD 模型分析了城市轨道交通 PPP 项目的价格影响因素，薛运强[178] 在"交通系统分析"课程教学改革与实践中分析了霍尔三维结构系统分析方法。

全面分析民资介入公交对交通系统能耗和排放的影响是非常复杂的系统问题，因为由公交管理者、公交运营者和公交出行者三个群体构成的城市公交系统本身就是一个多变量、多反馈、非线性的复杂系统[145]。而系统动力学模型能够反映系统变量的结构，仿真不同背景或重要阶段系统的行为特性，尤其适合多变量、高阶次、非线性、多重反馈复杂时变系统的仿真研究[179]。可见，用 SD 理论系统分析民资介入公交效果具有适用性。

7.3　民资介入公交的系统动力学模型（SDM）

7.3.1　民资介入公交的范围和目标

选取公交供需和大气环境系统构成的要素作为民资介入公交系统的研究范围。公交需求子系统包括公交服务水平、潜在公交需求和公交企业收益；公交供给子系统包括公交企业利润、公交供给水平（车辆）、运营成本和公交补贴；大气环境子系统包括 CO_2，CO，SO_2，$PM10$ 等机动车排放物。

目标是构建民资介入公交的 SD 模型，以便从环境角度评测考虑乘客价值的民资介入公交模式的优越性。

7.3.2 民资介入公交的系统结构和因果关系图

构建民资介入公交的系统动力学结构，需要从民资介入公交策略出发构建若干低阶子系统（一、二阶子系统），按民资介入公交策略系统行为特性，将介入策略相关的公交供需子系统组成正、负反馈回路，然后形成复杂的民资介入公交策略仿真系统。民资介入公交的仿真系统结构，是由民资介入公交策略子系统、公交供需子系统和城市大气环境子系统等要素子系统构成的，仿真系统行为是由子系统变量或者某个主回路决定的。

1. 民资介入公交策略一阶系统结构行为原理[179]

采用状态空间法表示民资介入城市公交策略系统结构，民资介入公交系统状态方程如式（7-1）所示：

$$\dot{X} = f(X,U,t), \ X \in R^m, \ U \in R^r \quad (7\text{-}1)$$

其中 R 为欧式空间；X 为 m 维向量；U 为 r 维向量。

当 $m=1$，$r=1$ 时，式（7-1）表示民资介入公交策略一阶系统，如式（7-2）所示：

$$\dot{x} = f(x) \quad (7\text{-}2)$$

式（7-2）为民资介入公交策略一阶系统的微分方程式，对其进行泰勒展开，按照精度要求保留一到两项，得到两种近似表达式：

$$\dot{x} \approx ax \quad (7\text{-}3)$$

$$\dot{x} \approx a_1 x + a_2 x^2 \quad (7\text{-}4)$$

其中 a, a_1, a_2 为泰勒展开系数。

式（7-3）的原函数解析式如下：

$$x = x_0 e^{at} \tag{7-5}$$

其中 x_0 为一阶微分方程初始值。当 $a > 0$ 时，民资介入公交策略仿真系统行为以指数规律增长；当 $a < 0$ 时，民资介入公交策略仿真系统行为按照指数递减。

式（7-4）的原函数解析式如式（7-6）所示（可用 Matlab 求解微分方程原函数）：

$$x = a_1 c e^{a_1 t} / (1 - a_2 c e^{a_2 t}) \tag{7-6}$$

其中 c 为常数；当参数 $a_1 > 0$，$a_2 > 0$ 时，随着时间 t 的增大，x 趋于定值，函数变化趋势呈 S 形。

民资介入公交策略一阶正反馈系统结构流图如图 7-2 所示。

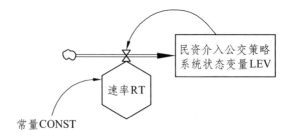

图 7-2　民资介入公交策略一阶正反馈流图

采用系统动力学语言 DYNAMO 来描述民资介入公交策略一阶正反馈系统的差分方程式为：

$$LEV.K = LEV.J + (DT)(RT.JK) \tag{7-7}$$

其中 LEV 为民资介入公交策略系统状态变量，本章选择公交供给和公交需求；RT 为状态变量的变化速率；DT 为仿真实验时间间隔；J, K 为时刻，上式中，$K > J$，JK 表示从时刻 J 变化到时刻 K。

通过式（7-7）可以求得速率变量：

$$(LEV.K - LEV.J)/DT = RT.JK \tag{7-8}$$

将式（7-8）中 DYNAMO 符号去掉，令 DT 趋向 0，则式（7-8）变为如下形式：

$$dLEV(t)/dt = RT(t) \qquad (7\text{-}9)$$

假设：

$$RT(t) = CONST*LEV(t) \qquad (7\text{-}10)$$

式中 CONST 为常数。将式（7-10）代入式（7-9），可以得到式（7-11）：

$$dLEV(t)/dt = CONST*LEV(t) \qquad (7\text{-}11)$$

由式（7-3）和（7-5）可知，式（7-9）的原函数解析式为：

$$LEV(t) = LEV(0)e^{CONST*t} \qquad (7\text{-}12)$$

其中 LEV(t)为状态变量 LEV 在 t 时刻的值；LEV(0)为状态变量 LEV 的初始值；e 为自然对数。

民资介入公交策略一阶负反馈系统结构流图如图 7-3 所示。

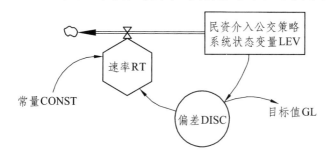

图 7-3　民资介入公交策略一阶负反馈流图

民资介入公交策略系统一阶负反馈系统的动力学方程（DYNAMO 形式）如式（7-13）~（7-15）[145]所示：

$$LEV.K = LEV.L+(DT)(RT.KL) \qquad (7\text{-}13)$$

$$RT.KL = CONST*DISC.K \qquad (7\text{-}14)$$

$$DISC.K = GL - LEV.K \qquad (7\text{-}15)$$

式中 DISK 是民资介入公交策略仿真结果与目标值的偏差；GL 是民资介

入公交策略系统行为的目标值。

将式（7-14）和（7-15）代入式（7-13），令 DT 趋于 0，则得到：

$$dLEV(t)/dt = CONST(GL - LEV(t)) \qquad （7-16）$$

由式（7-4）和（7-6）可知，式（7-16）的原函数解析式为：

$$LEV(t) = GL - (GL - LEV(0))e^{-CONST*t} \qquad （7-17）$$

2. 民资介入公交策略二阶系统结构行为原理

民资介入公交策略系统包含公交需求和公交供给两个子系统。两个具有不同反馈作用的状态方程与式（7-1）一致，不同之处在于民资介入公交策略二阶系统中的参数 $m = 2$，$r = 0$。民资介入公交策略二阶系统向量方程为：

$$\dot{X} = AX \qquad （7-18）$$

式中 A 是公交系统状态转移矩阵，$A = \begin{bmatrix} a_{11} & a_{12} \\ a_{21} & a_{22} \end{bmatrix}$。

通过传递函数来描述民资介入公交二阶系统，则民资介入公交策略二阶系统的传递函数及其特征方程如图 7-4 和式（7-19）所示[179]。

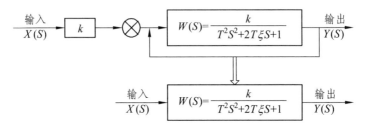

图 7-4 民资介入公交策略二阶系统传递函数描述图

$$W(S) = Y(S)/X(S) = k/(T^2 S^2 + 2T\xi S + 1) \qquad （7-19）$$

其中 $W(S)$ 是传递函数；$Y(S)$ 是输出像函数；$X(S)$ 是输入像函数。

根据式（7-19）可知，民资介入公交策略系统的特征方程为：

$$T^2 S^2 + 2T\xi S + 1 = 0 \qquad （7-20）$$

对于公式（7-20），令 $w_n = 1/T$，$\alpha = \xi w_n$，$w_d = w_n\sqrt{1-\xi^2}$，则 w_n 表示民资介入公交策略系统的无阻尼自然震荡频率，α 为阻尼系数，ξ 为阻尼比，w_d 为阻尼自然频率，则式（7-20）变成如下形式：

$$S^2 + 2\xi w_n S + w_n^2 = 0 \qquad （7\text{-}21）$$

则式（7-21）的特征根为：

$$S_{1,2} = -\xi w_n \pm \mathrm{j}w_n\sqrt{1-\xi^2} = -\alpha \pm \mathrm{j}w_d \qquad （7\text{-}22）$$

由 $\alpha = \xi w_n$，易知 $\xi = \alpha/w_n$。当 $\xi = 1$ 时，$\alpha = w_n$，ξ 为临界阻尼，称为全阻尼；对于 $w_d = w_n\sqrt{1-\xi^2}$，当 $\xi = 0$ 时，$w_d = w_n$，此时阻尼为零，w_d 与自然震荡频率 w_n 相等；如果 ξ 从正值向零靠近，则 w_d 由衰减震荡向等幅振荡转移。

民资介入公交策略二阶系统的动力学方程见 7.3.3 节。

3. 民资介入公交策略仿真系统结构关系

图 7-5 给出了民资介入公交的系统结构关系，以及子系统之间的相互作用。民资介入公交会影响出行者的出行决策，管理者也会根据公交需求调整民资介入公交系统的决策。公交供给子系统主要是车辆供给，运营者的收益越多，购车补贴越多，即可以购置更多的公交车；公交供需的变化，会影响小汽车出行量，由于公交车与小汽车排放的差异，间接影响大气环境。因此，城市大气环境子系统对民资介入公交策略子系统会有环境方面的反馈评价。

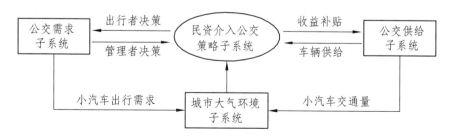

图 7-5　民资介入公交策略系统结构关系图

4. 民资介入公交策略仿真系统因果关系图

图 7-6 是考虑乘客价值的民资介入公交后，对公交供需影响的因果关系图。其中，箭头旁的正负号，表示变量之间的正负相关性；下划线变量是民资介入公交的特有变量，其中斜体的下划线变量是考虑乘客价值的民资介入公交所特有的变量。考虑乘客价值的民资介入公交模式[7]（见第 4 章），允许民资对乘客的公交卡账户现金流进行投资收益（收益率比传统的活期利息更高），而民资为了吸引更多的出行者乘坐公交，可以将上述现金流收益的一部分返给乘客。同时，考虑乘客价值的民资介入模式，在广告收益方面也有所增加，即除了车体、站台、车内媒体广告外，还可以将庞大的乘客群体作为顾客资源，构建电子商务平台为乘客发布广告信息以从商家获取收益，而乘客接收信息后可以赢取返现或上网流量等物质奖励。

正反馈回路： 民资介入公交策略仿真系统的正反馈回路由公交需求子系统主导。因为其他出行方式的出行者转化为公交出行的数量作为潜在的公交需求，对公交需求有正作用，而公交需求与公交运营者的收益、利润、公交供给与发车频率、广告收益正相关，发车频率与公交候车时间、公交服务水平负相关，且公交服务与潜在公交需求正相关，并最终正相关反馈到公交需求，进而形成民资介入公交策略动力学系统的正反馈回路。

负反馈回路： 公交供给子系统主导民资介入公交策略系统的负反馈回路。从公交供给出发，与公交发车频率、可变成本、运营成本正相关，而运营成本又与公交企业利润的因果关系为负相关，再由公交企业利润与公交供给的正相关因果关系，经过公交发车频率、公交候车时间、公交服务水平、潜在公交需求等变量最终反馈到公交需求变量，进而形成民资介入公交策略系统的仿真负反馈回路。

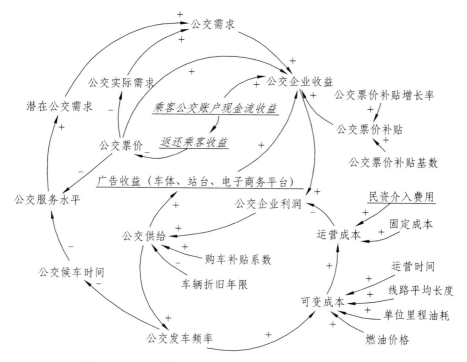

图 7-6 考虑乘客价值的民资介入公交系统因果关系图

7.3.3 民资介入公交的系统流图和 SD 模型

1. 民资介入公交策略系统变量

根据各子系统变量在民资介入公交系统结构中的作用不同，分为状态、速率、辅助和常量四类变量：

（1）状态变量：仿真系统中随时间累积或减少的变量。选择公交供给和公交潜在需求两个变量。

（2）速率变量：状态变量在单位时间内的变化率，包括公交服务吸引率、车辆折旧率和新增车辆数。

（3）辅助变量：指中间过程变量、方程参数值及输入测试函数，包括实际公交需求、企业利润、补贴额度、运营成本、企业收益、广告收益、公交账户现金流收益、乘客返还收益、服务水平、期望服务水平、发车频率。

（4）常量：不随其他变量变化而受影响的参数，包括票价补贴基准、购车补贴系数、运营固定成本、介入费用、出行者时间价值。

表 7-1 以济南公交二公司四队为例给出了部分参数的初值，其他变量通过动力学方程与这些参数建立联系并确定取值。公交服务水平作为辅助变量，与公交票价和候车时间负相关，可将其定义为公交候车时间和公交票价的函数，转为货币价值量[145]：

$$L_{busservice} = a/[f_{ticket} + (T_{wait} \times V_{time})^b] \qquad (7-23)$$

其中 f_{ticket} 是公交票价；T_{wait} 是候车时间；V_{time} 是时间价值，$V_{time} = 1/(2F_i)$，F_i 是线路 i 的发车频率；a, b 是待标定系数。

表 7-1　系统动力学模型中的参数取值

变　量	初值	变　量	初值
潜在公交需求	0 人次	公交购车补贴系数	0.6%
公交供给（一个车队）	100 辆	燃油价格	6 元/升
公交票价补贴基准	10 000 元	公交线路平均长度	15 千米
公交票价补贴增长率	1%	公交车辆平均耗油量	0.3 升/千米
公交乘客时间价值	30 元/时	期望公交服务水平	4
公交运营固定成本	20 000 元/月	平均公交运营时间	360 时/月/车

2. 民资介入公交策略系统流图

图 7-7 是考虑乘客价值的民资介入公交系统流图。它与图 7-6 的不同之处在于状态变量潜在公交需求和公交供给多了流入和流出，且随着时间的推移，各个变量随之发生一定的数值变化。而这些变化的联系是由下一小节的动力学方程决定的，只有建立了变量之间的动力学方程，才能进行下一步的数值仿真。

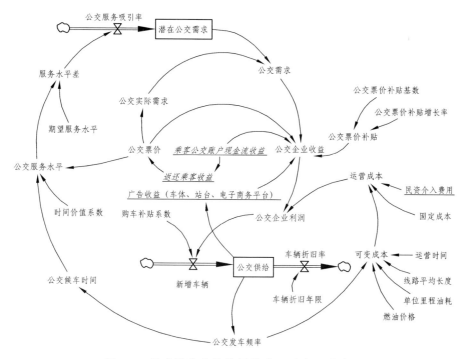

图 7-7　考虑乘客价值的民资介入公交系统流图

3. 民资介入公交策略动力学方程

SD 建模的动力学方程主要包括状态方程（Level Models）、速率方程（Rate Models）、辅助方程（Auxiliary Models）、表函数（Table functions/Lookup）和 N 方程（常量）。下面用首字母大写表示方程类型，根据济南市公共交通总公司运营数据给出图 7-7 中变量的动力学方程：

L1　公交潜在需求：

$$D_{potential}.K = D_{potential}.J + DT \times R_{attract}$$

其中 J，K 分别表示时刻；DT 是从时刻 J 到 K 的时间段；$R_{attract}$ 是公交吸引率。

L2　公交供给：

$$S_{vehiclesupply}.K = S_{vehiclesupply} \cdot J + DT \times (N_{newbus} - N_{depreciation})$$

其中 N_{newbus}，$N_{depreciation}$ 分别表示新增车辆数和车辆折旧。

R1 服务吸引率：

$$R_{attract}.KL = lookup\Delta_{service}([(-4,4)-(150,800)],(-4,150),(-3,200),(-2,250),$$
$$(-1,300),(0,400),(1,500),(2,600),(3,700),(4,800))$$

R2 新增车辆率：

$$N_{newbus}.KL = IF\ THENELSE(P_{comprofit} \leqslant 0, 0,\ INTEGER(P_{comprofit} \times (1+R_{purchase})/1000000))$$

R3 折旧率：

$$N_{depreciation}.KL = 1/T_{depreciation} + STEP(0.01,100)$$

A1 公交公司收益：

$$B_{combenefit} = D_{busdemand}.K \times f_{ticket} + N_{subsidy}.K + B_{accountcash}.K + B_{ads}.K$$

A2 补贴额度：

$$N_{subsidy}.K = MIN_{subsidy} + RAMP(R_{subsidy} \times MIN_{subsidy}, 0, 100)$$

A3 公交公司利润：

$$P_{comprofit}.K = B_{combenefit}.K - C_{operate}.K$$

A4 发车频率：

$$F_{bus}.K = S_{vehicle}.K \times 5/12$$

A5 可变成本：

$$C_{variable}.K = F_{bus}.K \times L_{bus} \times C_{fuel} \times f_{fuel} \times T_{operate}$$

A6 运营成本：

$$C_{operate}.K = C_{variable}.K + C_{fixed}.K + C_{involvement}$$

A7 候车时间：

$$T_{wait}.K = 1/(F_{bus}.K \times 2)$$

A8 服务水平：

$$L_{busservice}.K = 60/[f_{ticket} + (T_{wait} \times V_{time})^2]$$

A9 服务水平差：

$$\Delta_{service} = L_{busservice}.K - L_{expected}$$

A10 公交乘客账户现金流收益：

$$B_{accountcash}.K = D_{busdemand}.K \times N_{cash} \times R_{cash} / 12$$

A11 返还乘客收益率：

$$R_{returen} = 0.5$$

A12 广告收益：

$$B_{ads}.K = f_{ads} \times S_{vehicle}.K$$

A13 实际需求：

$$D_{real}.K = lookup\ f_{ticket}([0.5,3]-[282000,328000],(0.5,328000),(1,322000),$$
$$(1.5,313000),(2,305000),(2.5,294000),(3,282000))$$

N 方程（常量）见表 7-1。

模型检验：由于变量不同或结构不同，仿真结果会有差异，因此，仿真前需要对 SD 模型进行校核和检验，以实现所建立的民资介入公交策略系统动力学模型与济南市公交结构和行为特性一致。参考孙广林（2013年）[145]检验公交价格联动策略 SD 模型时所选的校核变量（服务乘客量和公交运营车辆数两个检验变量），本书选取公交需求（人次/月）和公交供给（车辆数）作为模型校核的变量，采用前面构建的系统动力学 SD 模型，拟合 2011 年济南公交二公司四队三条公交线路 100 辆公交车的乘客数量和运营车数量，并与该时段实际统计数据进行校核。

表 7-2 显示两个检验指标的相对误差均在 ±5% 之内。按照系统动力学模型检验指标误差要求[145]（指标误差在 ±5% 之内，SD 模型精度满足要求，模型仿真实验具有有效性），可知民资介入公交策略仿真 SD 模型满足精度要求，因此，可用该模型分析民资介入公交政策对交通环境系统的影响。

表 7-2　系统动力学模型检验

校核参数（状态变量）	仿真结果	统计数据	相对误差
公交需求/人次/月	306 450	322 000	-4.83%
公交供给/车辆数	97	100	-3%

7.4　案例分析

7.4.1　案例背景介绍

　　同样选取济南公交二公司四队三条线路 100 辆公交车的运营数据，作为民资介入公交策略 SD 仿真实验的基础数据。仿真步长为 1 个月，仿真时间为 100 个月，仿真时间的确定主要参考了 PPP 合同的一般周期。济南市 2012 年成功入选"公交都市"创建试点城市，为此，市政府加大了对公交的投入，公交财政支出也因此加大了，使其面临一定的财政压力。2010年以来，国家和地方密集出台相关政策（见附录 B.关于鼓励民间资本投资的法律法规文件）鼓励民间资本进入包括公共交通在内的基础设施建设和运营服务提供，并倡导采用公私部门合作的模式（PPP）。也就是说，公交服务市场化改革是大势所趋。

　　下面采用已经建好的济南市民资介入公交策略系统动力学模型，看一下民资的介入对于交通环境的时间累计效果，即第 4 章提出的考虑乘客价值的民资介入公交模式是不是在城市交通环境方面有其优越性。

7.4.2　SD 模型参数初值

　　由于考虑乘客价值的民资介入模式是演化稳定的，因此，随着时间的推移，最终将全部采用考虑乘客价值的运营模式。下面对比三种仿真环境：现状出行环境，传统民资介入和考虑乘客价值的民资介入公交出行环境，即从环境角度看一下考虑乘客价值的民资介入模式是否依然有其优越性。

根据 2011 年济南市居民出行调查数据（见表 7-3），以济南公交二公司四队的 100 辆公交车运营数据作为仿真模拟数据，其他参数见表 7-1。

表 7-3　济南市公交和小汽车出行指标

参数	调查值	参数	调查值
济南市小汽车出行量	180 万人次/日	济南市公交出行量	240 万人次/日
小汽车平均载客量	1.5 人/车	公交平均载客量	70 人/班次
小汽车平均出行里程	10.6 千米	公交平均出行里程	11 千米
小汽车平均行驶速度	21 千米/时	公交车平均行驶速度	17 千米/时
小汽车平均油耗	0.07 升/千米		

7.4.3　SD 模型仿真结果及环境影响评价

利用公交和小汽车出行需求的变化，可以计算公交车和小汽车总排放量的变化。仿真 1～100 个月的累积变化效果，其数学表达式如（7-24）-（7-31）：

$$\sum_{i=1}^{100}(D_i - D_{initial}) / \rho_{car} = N_{reducedcar} \qquad (7\text{-}24)$$

$$\sum_{i=1}^{100}(S_i - S_{initial}) = N_{addedbus} \qquad (7\text{-}25)$$

$$E_{reducedcar} = N_{reducedcar} \times L_{car} \times r_{caremission} \qquad (7\text{-}26)$$

$$E_{addedbus} = N_{addedbus} \times L_{bus} \times r_{busemission} \qquad (7\text{-}27)$$

$$\Delta E = E_{reducedcar} - E_{addedbus} \qquad (7\text{-}28)$$

$$F_{reducedcar} = N_{reducedcar} \times L_{car} \times r_{carfuel} \qquad (7\text{-}29)$$

$$F_{addedbus} = N_{addedbus} \times L_{bus} \times r_{busfuel} \qquad (7\text{-}30)$$

$$\Delta F = F_{reducedcar} - F_{addedbus} \qquad (7\text{-}31)$$

其中 $D_{initial}$ 是初始公交需求；$S_{initial}$ 是初始公交车辆供给；ρ_{car} 是单位小汽车载客量：济南市为 1.5 人/辆；L 是平均行驶里程；$r_{emission}$ 是排放因子[180, 181]（见表 7-4）；ΔE 是机动车排放变化量；r_{fuel} 是单位里程平均油耗（见表 7-1，表 7-3）；ΔF 是机动车能耗变化量。

表 7-4　小汽车和常规公交主要排放物因子[180, 181]

机动车	燃料类型	排放标准	排放因子/g/km			
			CO_2	CO	SO_2	PM10
小汽车	汽油	欧 IV	322.3	1.4	0.01	0.2
		欧 V	322.3	1.4	0.01	0.2
公交车	汽油	欧 IV	1 072.8	0.3	0.30	0.1
		欧 V	1 072.8	0.3	0.30	0.1
	CNG	欧 III	1 254.8	1.0	0.00	0.1

根据 SD 模型、表 7-4 的排放因子，以及式（7-24）~（7-31）的排放能耗转换公式，可以得到仿真 100 个月的能耗排放时间累积效果。下面具体给出民资介入公交的仿真结果及环境影响评价。

图 7-8 是无民资介入（简称："无介入"）、传统民资介入（简称："传统介入"）和考虑乘客价值的民资介入（简称："价值介入"）模式（见第 4 章）下，案例中公交车队的公交需求和车辆供给变化过程。参照第 5 章的成果，"价值介入"优于"传统介入"，"传统介入"优于"无介入"，即"传统介入"公交供需曲线介于另外两者之间。从图 7-8 可以看出，三种模式下需求和车辆供给都是累积递增的，"价值介入"模式由于有更高的收益和对乘客的返还收益，其公交需求和车辆供给增速最快。由公式（7-24）~（7-31）可知，排放和能耗主要是根据公交需求变化和公交车辆供给变化与小汽车能耗排放的转换进行比较的，图 7-9 也表明节能减排的

累积变化趋势与公交供需变化趋势一致。

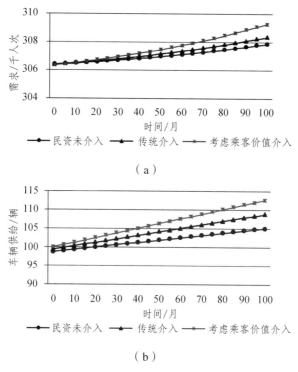

图 7-8　不同民资介入模式下公交供给（a），需求（b）变化

　　图 7-9 给出了"价值介入"和"传统介入"比"无介入"100 个月的累积排放减少量。由于是累积量，因此，随着时间的推移，减少量成指数变化。可见，从环保角度看，民资介入公交的合同期限宜长不宜短。从图 7-9（c）可知，SO_2 的排放量从 50 个月开始才有减排效果，之前的减排量是负值，这跟小汽车的 SO_2 排放因子与公交比非常低有关。如果公交乘客增加量较少，则无法体现公交单位乘客的排放优势。从本案例来看，民资介入合同超过四年会对 SO_2 减排有积极的效果。图 7-9 显示，"价值介入"模式与"无介入"模式相比，在 100 个月中累积减少 CO_2 排放 109 吨，减少 CO 排放 542 千克，减少 SO_2 排放 1.6 千克，累积减少 PM10 排放 77.3 千克，分别比传统的民资介入多减排 69 吨、339 千克、1.1 千克和 48 千克。当然，根据其他排放物的排放因子，也可以计算出

相应排放物的减排量。

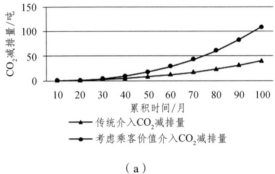

（a）

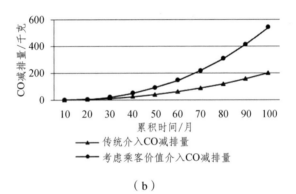

（b）

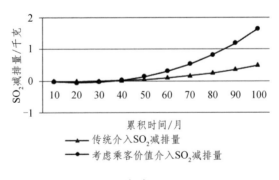

（c）

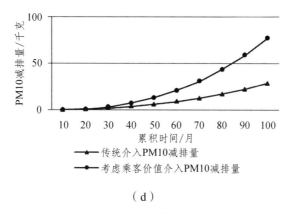

（d）

图 7-9　不同民资介入模式下累积减排量

图 7-10 给出了"价值介入"和"传统介入"与"无介入"相比的节能效果，累积变化趋势也与图 7-8 的公交供需变化趋势一致。两种模式下，100 个月的累积减少量分别是 398 千升和 148 千升，"价值介入"模式比传统的"介入"多节约能耗 250 千升。

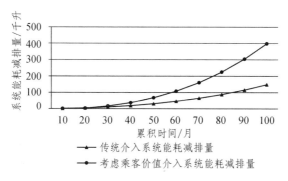

图 7-10　不同民资介入模式下能耗减少量

综上可知，"价值介入"比"无介入"和传统的介入公交累积减少排放量还是比较可观的。计算发现，民资介入比"不介入"多减排 0.58%，相对值虽然较小，但是累积的绝对值还是很明显的。这个减排值仅仅是济南市一个车队的量，但是济南市有 40 个公交车队，因此，从全市的角度来看累积节能减排的数量还是很可观的。上述结果表明，从环境角度来看，考虑乘客价值的民资介入公交模式也具有优越性，值得鼓励。

7.5　研究结论

本章将系统动力学理论应用到民资介入公交策略 SD 建模中，详细分析了民资介入公交系统结构、因果关系图、系统结构流图和动力学方程。以济南公交二公司四队为例，验证了 SD 模型的有效性，并用 SD 模型分析民资介入公交策略随着时间推移节能减排的累积效果[182]。具体研究结论分析如下：

（1）从系统角度研究民资介入公交对节能减排效果的影响，能够从更全面的角度分析民资介入公交的环境效果，且是必要的。用系统动力学理论作为分析民资介入公交策略的系统评价工具是适用的。

（2）构建了民资介入公交的 SD 模型，具体分析了系统参数的因果关系、系统流图和动力学方程式。模型考虑了民资介入策略、公交供给、公交需求和大气环境等子系统，通过济南公交车队运营数据校验，发现公交供给和需求校核误差均在 ±5% 之内，通过了模型精度检验。所构建的 SD 模型能够反映实际的公交运营特征，可以用来分析环境子系统的影响效果。本章构建 SD 模型所用的公交运营数据和居民出行数据，都可以通过政府部门协调获得，本章建立的 SD 模型可以移植到其他城市中。

（3）通过对济南公交一个车队 100 个月的仿真，可以知道民资介入公交的环境影响累计效果。从 SO_2 减排来看，民资介入合同超过四年会对 SO_2 减排有积极的效果。第 4 章提出的考虑乘客价值的民资介入公交模式（"价值介入"模式）相比民资未介入公交（"无介入"模式），在 100 个月累积减少 CO_2 排放 109 吨，减少 CO 排放 542 千克，减少 SO_2 排放 1.6 千克，累积减少 PM10 排放 77.3 千克，分别比传统的民资介入多减排 69 吨、339 千克、1.1 千克和 48 千克。此外，"价值介入"模式比传统的"介入"100 月累积多节约能耗 250 千升，这对整个济南市 40 个车队来说，节能减排的累积量将会更加可观。结果表明，"价值介入"模式在节能环保方面有优越性，值得鼓励。

（4）本章的研究为系统分析民资介入公交效果奠定了基础，是已有定量评价方法的有效补充，有利于决策者科学制订民资介入公交政策。

7.6　小　结

本章讨论了对民资介入公交效果进行系统分析的必要性，以及将系统动力学理论作为分析工具的适用性。通过构建民资介入公交策略 SD 评测模型，并以济南公交为例进行模型检验和模型仿真，从系统范围和环境角度来评价民资介入模式的效果。结果显示，"价值介入"比"无介入"和传统民资介入公交累积节能减排更加可观；从环保角度来看，考虑乘客价值的民资介入公交模式具有优越性，值得鼓励。本章的研究为管理者提供了一种系统评价民资介入公交节能减排效果的定量分析工具，是已有定量评价方法的有效补充。

结论与展望

1. 主要结论

民间资本介入公共交通的建设和运营已经成为世界性的趋势，民资介入公交对于缓解政府财政压力，提升公交系统运营效率具有积极作用，同时也顺应当前国家鼓励民资介入公共交通在内的基础设施建设和运营的政策大环境。如何吸取以往民资介入公交失败的经验教训，落实好国家鼓励民资介入公交的政策，响应政府和社会资本合作倡导模式（PPP），对于促进公交可持续发展，保障公交的公益属性和居民的出行需求具有重要的社会意义和现实意义。目前，国内外对于民间资本介入公交基础设施建设的研究较多，而对于民资介入公交运营的定量研究较少，且相关定量研究主要是财务方面的分析，对于公交系统自身属性的考虑有所欠缺。针对以往民资介入公交多因财务不可持续失败的问题，本书提出了一种考虑乘客价值的民资介入公交模式，以期提高民资介入部门的收益，并对乘客进行收益返还来提高公交吸引力。本书结合已有的定量评价方法，从静态、动态和系统的角度研究了民资介入公交策略的定量评价方法，建立了相应的评价模型，它可作为已有定量评价方法的有效补充。本书得到如下研究结论：

（1）为了研究民资介入公交的定量评价方法，收集了所需要的基础数据，包括居民出行数据、公交运营数据、公交财务数据和公交补贴数据等。通过分析数据内容、数据来源可行性得出如下结论：

国内外大中城市定期或不定期的综合交通调查（包括居民出行调查）为居民出行数据提供了来源保障，同时借助信息化手段可以实时获取更广泛、更全面的出行数据。公交方面的数据对于推动民资介入公交政策的政府部门来讲，获取该数据比较容易。数据获取的可行性为构建民资介入公交定量分析模型，并进行定量分析民资介入公交效果提供了数据支持，也提高了定量分析模型的可移植性。

（2）提出了一种考虑乘客价值的民资介入公交模式。通过研究得出如下结论：

考虑乘客价值的民资介入公交模式，允许民资介入部门挖掘乘客资源提高收益。本书主要针对乘客公交卡账户中的现金流收益，从银行活期利息变化为投资收益的形式，来提高民资介入部门的收益。同时，考虑将一部分公交卡现金流收益返还给公交乘客，鼓励更多的人选择公交出行，形成良性循环。此外，公交客户群体本身为电子支付平台积聚起规模庞大的潜在消费客户，这将会给电商支付平台带来无限的商机。信息化时代下的民资介入公交将会有更广阔的发展前景。从考虑乘客价值介入模式的财务分析可知，该模式提高了民资介入部门和乘客的收益，理论上比传统介入模式更具有可持续性。

（3）通过民资介入公交的静态评价方法研究得出如下结论：

双层规划理论（BLPT）作为民资介入公交静态评价工具具有适用性。通过案例分析找到了关键参数的临界值，私人部门的租赁费用不能超过225元/天；运营期间的平均客流需求不应小于200人次/时，乘客返还收率不能超过0.9；考虑乘客价值的民资介入公交模式（价值模式）使公交系统福利提升了5.5%，比传统介入模式（非价值模式）更有优势。价值模式更有利于公交的财务可持续发展，应当受到鼓励。此外，关键参数取值对于模型求解是稳健的。书中建立的民资介入公交BLPM模型结构和求解算法为进一步研究打下了基础，为定量评价民资介入公交效果提供了定量分析的工具。

（4）通过民资介入公交的动态评价方法研究得出如下结论：

演化博弈（EG）理论作为民资介入公交动态评价工具具有适用性。演化博弈理论基于决策者的有限理性，与现实更相符。案例分析结果表明，考虑乘客价值的民资介入公交模式是演化稳定的，并且比传统运营模式更具有优越性，而且初始选用新策略（价值模式的运营策略）运营的企业比例越高，系统调整策略进行优化的速度越快。演化稳定的投资策略能够降低投资者和管理者的决策风险，有利于提高民资介入公交的成功率。研究结果为管理者找到民资介入公交演化稳定策略，设计更高效的民资介入合同、降低民资介入公交的风险性、实现公交系统优化提供了理论基础。

（5）最后用系统动力学理论（SD）建立了民资介入公交策略 SD 模型。

研究表明：从系统角度研究民资介入公交对节能减排效果的影响，能够从更全面的角度分析民资介入公交的环境效果，有利于决策者系统评价民资介入公交策略。通过对济南公交一个车队 100 个月的仿真结果，可以得到民资介入公交对节能减排贡献的具体数量，第 4 章提出的"价值介入"模式，在节能环保方面比"传统介入"和民资未介入具有优越性，值得鼓励。本章的研究为系统分析民资介入公交效果奠定了基础，是已有定量评价方法的有效补充，有利于决策者科学制订民资介入公交政策。

2. 主要创新点

（1）提出了一种考虑乘客价值的民资介入公交模式。通过分析可知该介入模式能够提高投资者和乘客的收益，比传统的民资介入公交模式更具有优越性，而且具有动态稳定性，对于交通系统的节能减排也具有优势，值得鼓励。

（2）分别从静态、动态和系统的角度构建了民资介入公交的双层规划模型、演化博弈模型和系统动力学模型三个定量评价模型。模型构建考虑了时间价值、出行者的选择行为和能耗排放，考虑的因素更加全面具体，更加贴合公交系统的自身特性。本书构建的三个定量评价模型是 VFM，CB 定量分析方法的有力补充，为进一步深入研究打下了基础。

（3）通过模型研究和案例分析，找到了影响因素的临界值，为决策者合理制订民资介入公交政策提供了定量依据。

3. 未来研究的展望

本书对民资介入公交模式及定量评价方法做了有益的探索，在未来的工作中可以从以下几个方面，对民资介入公交定量评价方法做出进一步的分析和研究：

（1）本书案例应用依据的是确定性数据，而现实中很多参数的取值具有不确定性，或者随机性，对于不确定参数下的建模分析求解问题，有待进一步研究。

（2）为了简化求解计算，案例分析选取的是局部路网，或者局部车队。将所构建模型在更广范围（例如整个城市公交系统）的应用，复杂网络下多模式衔接换乘情况，以及考虑更多的影响因素，需要进一步的研究。

（3）本书提出的价值介入模式，重点考虑了乘客乘车账户现金流收益的提升，其他挖掘乘客资源提升收益的方式有待进一步拓展。

（4）目前，国内的文件政策倡导 PPP 模式介入包括城市公交在内的基础设施建设和运营中，对于公交运营方面鲜见 PPP 的成功运用，新一轮的公交运营市场化改革尚未开始，未来民资介入公交运营的实践跟踪与理论校验有必要持续研究。

参考文献

[1] 陆化普. 大城市交通问题的症结与出路[J]. 城市发展研究，1997
（5）：16-20.

[2] 李琳. 我国城市道路交通拥堵的成本测算及对策研究[D]. 大连：
大连海事大学，2013.

[3] 郭继孚，孙明正，刘雪杰，等. 城市公共交通优先发展战略思考
与建议[J]. 城市交通，2013，11（2）：7-12.

[4] Stjernborg V, Mattisson O. The role of public transport in society-A
case study of general policy documents in sweden[J]. Sustainability,
2016, 2016(8): 1-16.

[5] 王凤武. 对优先发展城市公共交通战略的思考[J]. 城市交通，
2004，2（4）：3-6.

[6] 李振福，李漪，孙艺萌，等. 大中城市公共交通可持续优先发展
研究现状[J]. 北京交通大学学报（社会科学版），2013，12（3）：
37-46.

[7] Xue Y, Guan H, Correy J, et al. Bilevel programming model of
private capital investment in Urban Public Transportation: Case
Study of Jinan City[J]. Mathematical Problems in Engineering, 2015,
2015: 498121, 12p.

[8] 徐亚华，冯立光. 公共交通优先发展现状及战略规划[J]. 交通运
输工程学报，2010，10（6）：64-68.

[9] 卢宇. 城市公交行业市场化改革研究[M]. 北京：经济管理出版
社，2014.

[10] 郭磊，李玲. 公用事业引进民间资本的思考[J]. 山东财政学院学
报，2012，118（2）：74-80.

[11] 薛运强，关宏志，武平，等. 民间资本介入城市公交双层规划模
型研究[J]. 武汉理工大学学报（交通科学与工程版），2016，40

（1）：66-70.

[12] 赵颖. 我国城市公交服务的制度选择[M]. 北京：中国社会科学出版社，2014.

[13] Lu Y. Research on the reform of marketization in urban public transport industry[M]. Beijing: Economy & Management Publishing House, 2014.

[14] Savas E S. Privatization:The key to better government[M]. Chatham, NJ: Chatham House, 1987.

[15] Savas E S. Privatization and public-private partnerships[M]. New York: Seven Bridges Press, LLC, 2000.

[16] Group W B. Public-private partnerships reference guide-version 2.0[R].World Bank,Asian Development Bank,Inter-American Development Bank, 2014.

[17] Morlok E K, Philip A V. The comparative costs of public and private providers of mass transit[M]//Urban Transit: The Private Challenge of Public Transportation. Cambridge, Mass: Ballinger Publishing Co., 1985:233-253.

[18] Morlok E K, Moseley F A. Potential savings from competitive contracting of Bus Transit, R-UP8851-86-1[R]. Washington, D.C.: Urban Mass Transportation Administration, 1986.

[19] Perry J, Babitsky T. Comparative performance in Urban Transit[J]. Public Administration Review, 1986,1(46): 57-66.

[20] Roger F. Tear E A. Estimating the cost impact of transit service Contracting, CA-06-0220[R]. Washington, D.C.: Urban Mass Transportation Administration, 1987.

[21] Sherlock N, Cox W. The potential for optimizing public Transit through competitive bidding[R]. Washington, D.C.: Urban Mass Transportation Administration, 1987.

[22] Walters A A. Ownership and efficiency in Urban Buses[D]. New York: Academy of Political Science, 1987.

[23] Savas E S. A comparative study of Bus operations in New York city, FTA NY-11-0040-92-1[R]. New York: Federal Transit Administration, U.S.Department of Transportation, 1992.

[24] Cox W. Competitive contracting in Public Transit: Review of the experience[R].Legislative Transportation Committee, State of Washington, 1997.

[25] Bayliss D. Buses in Great Britain-Privatisation, deregulation and competition[R].House of Commons Liberary, 1999.

[26] Hossain, Moazzem. Price control regulation of privatized utilities in the United Kingdom: What Lessons for the Developing Asian Nations?[J]. Singapre Economic Review, 2005, 50(1): 69-92.

[27] 陈辉. PPP 模式手册[M]. 北京：知识产权出版社，2015.

[28] 孔素民. 中法 BOT 法律制度机器比较评析[J]. 甘肃政法成人教育学院学报，2004（4）：98-101.

[29] 刘文洋，李红昌. 国外城市公交立法的经验与借鉴意义[J]. 技术经济，2005（6）：1-2.

[30] Savas E S. Privatizing the public sector: How to shrink government [M]. Chatham,NJ: Chatham House, 1982.

[31] Henig J R. Privatization in the United States: Theory and practice[J]. Political Science Quarterly, 1990,104(4): 649-670.

[32] 刘迪瑞. 日本民营化改革探析[J]. 价格月刊，2007（4）：72-75.

[33] 文明. 日本国铁民营化改革的效果、经验与启示[J]. 经济体制改革，1999（2）：32-36.

[34] 金敬喆，金凡，房育为，等. 迈向可持续的公共交通之路——首尔公交改革的经验与成就（连载）[J]. 城市交通，2006，4（3）：27-32.

[35] 金凡，刘岱宗，房育为. 首尔公交改革对中国城市交通的启示[J]. 城市交通，2006，4（6）：34-36.

[36] 冯立光，曹伟，李潇娜，等. 新加坡公共交通发展经验及启示[J]. 城市交通，2008，6（6）：81-87.

[37] 严亚丹, 过秀成, 孔哲, 等. 新加坡城市综合公共交通系统[J]. 现代城市研究, 2012（4）: 65-71.

[38] San G. A decade of travel made easy（1995-2005）[R]. Singapore: Land Transport Authority, 2005.

[39] Sharp I. The Journey, Singapore's land transport story[R]. Singapore: Land Transport Authority, 2005.

[40] 何逢阳, 周林军. 兰溪公交: 公益与盈利间的方向盘[J]. 决策, 2007（5）: 48-50.

[41] Zhang S, Chan A P C, Feng Y, et al. Critical review on PPP research-a search from the Chinese and International Journals[J]. International Journal of Project Management, 2016, 34(2016): 597-612.

[42] 余娜, 陈雪. 城市公交民营化分析[J]. 交通标准化, 2009（207）: 77-80.

[43] 胡振华, 黄婷. 公共交通民营化可行性分析[J]. 中国市场, 2010（29）: 57-62.

[44] 魏来. 我国城市公共交通民营化问题研究[D]. 大连: 大连海事大学, 2014.

[45] 陈文静. 我国城市公交行业民营化问题研究[D]. 长春: 东北师范大学, 2010.

[46] 崔玉洁. 我国城市公交行业民营化问题研究[D]. 上海: 华东师范大学公共管理学院, 2010.

[47] 章志远. 民营化、规制改革与新行政法的兴起——从公交民营化的受挫切入[J]. 中国法学, 2009（2）: 22-35.

[48] 张湄玲. 公用事业民营化过程中的政府监管责任——以湖北省十堰市公交民营化改革为例[J]. 开封教育学院学报, 2014, 34（1）: 289-291.

[49] 李政刚. 公用企业民营化法律规制探究——以公交民营化为视角[D]. 重庆: 西南政法大学, 2008.

[50] 李希喆. 我国城市公交服务公私合作机制（PPP）的实践研

究——以公共汽车客运行业为例[D]. 北京：华北电力大学，2014.

[51] Chan A P C, Lam P T I, Chan D W M, et al. Privileges and attractions for private sector involvement in PPP projects[J]. Challenges, Opportunities and Solutions in Structural Engineering and Construction-Ghafooi (ed.), 2010: 751-755.

[52] Medda F R, Carbonaro G, Davis S L. Public private partnership in transportation: Some insights from the European experience[J]. IATSS Research, 2013(36): 83-87.

[53] Rossi M, Civitillo R. Public Private Partnerships: a general overview in Italy: 2nd World Conference On Business, Economics And Management -WCBEM 2013, 2014[C]. Elsevier.

[54] De Los Rios-Carmenado I, Ortuno M, Rivera M. Private-Public Partnership as a tool to promote entrepreneurship for sustainable development: wwp torrearte experience[J]. Sustainability, 2016, 8(199): 1-19.

[55] Wang Y. Evolution of public-private partnership models in American toll road development: Learning based on public institutions' risk management[J]. International Journal of Project Management, 2015,33:684-696.

[56] Ho P H K. Development of Public Private Partnerships (PPPs) in China[J]. Surveyors Times, 2006,15（10）:1-5.

[57] Takim R, Ismail K, Nawawi A H, et al. The malaysian private finance initiative and value for money[J]. Asian Social Science, 2009,5（3）:103-111.

[58] Estache A, Guasch J, Iimi A, et al. Multidimentionality and renegotiation: Evidence from transport-sector Public-Private- Partnership transactions in Latin America[J]. Review of Industrial Organization, 2009（35）:41-71.

[59] Demirag I, Khadaroo I, Stepleton P, et al. Risks and the financing of PPP: Perspectives from the financiers[J]. The British Accounting

Review, 2011,43:294-310.

[60] Ke Y, Wang S, Chan A P C. Risk Allocation in Public-Private Partnership infrastructure projects: Comparative study[J]. Journal of Infrastructure Systems, 2010,16（4）:343-351.

[61] Chen A, Subprasom K, Chootinan P. Assessing financial feasibility of a Build-Operate-Transfer project under uncertain Demand[J]. Transportation Research Record 1771, 2002:124-131.

[62] Soomro M A, Zhang X. Evaluation of the functions of public sector partners in transportation public-Private Partnerships failures[J]. Journal of Management in Engineering, 2015, 32(1): 4015021-4015027.

[63] Liu J, Love P E D. Public-Private Partnerships: a review of theory and practice of performance measurement[J]. International Journal of Productivity and Performance Management, 2014,63(4):499-512.

[64] Soomro M A, Zhang X. Failure links between public and private sector partners in transportation public private partnerships failures[J]. Journal of Traffic and Logistics Engineering, 2013, 1(2): 116-121.

[65] Zhang X, Soomro M A. Failure path analysis with respect to private sector partners in transportation Public-Private Partnerships[J]. Journal of Management in Engineering, 2015, 32(1): 4015031.

[66] Soomro M A, Zhang X. Roles of private-sector partners in transportation public-private partnership failures[J]. Journal of Management in Engineering, 2015, 31(4): 4014056, 12p.

[67] Osei-Kyei R, Chan A P C. Review of studies on the critical success factors for Public-Private Partnership (PPP) projects from 1990 to 2013[J]. International Journal of Project Management, 2015: 1335-1346.

[68] Rall J, Reed J B, Farber N J. Public-Private Partnerships for transportation-A toolkit for Legislators[R]. Washington D.C.:

National Conference of State Legislatures, 2010.

[69] Finn B. Organisational structures and functions in Bus Rapid Transit, and opportunities for private sector participation[J]. Research in Transportation Economics, 2013（39）:143-149.

[70] 唐韧，孙华强. 交通运输行业引进民间资本进入的领域和主要方式探讨[J]. 交通财会，2012（301）：10-16.

[71] Cruz C O, Marques R C. Infrastructure Public-Private Partnerships: Decision, management and development[M]. Berlin: Springer, 2013.

[72] Xu S. Applying Public-Private-Partnership to chinese subway infrastructure[D]. Netherlands: Delft University of TechnologyEPA, 2008.

[73] Percoco M. Quality of institutions and private participation in transport infrastructure investment: evinence from developing countries[J]. Transportation Research Part A, 2014,70:50-58.

[74] 黄智星，申金升，王传涛. PPP 模式下的城市轨道交通项目投资策略研究[J]. 交通运输系统工程与信息，2016，16（2）：14-18.

[75] 资格考试参考教材编写委员会. 全国注册咨询工程师投资. 项目决策分析与评价[M]. 北京：中国计划出版社，2012.

[76] Mounter N, Annema J A, van Wee B. Managing the insolvable limitations of cost-benefit analysis: results of an interview based study[J]. Transportation, 2015,42:277-302.

[77] Proost S, Dunkerley F, van der Loo S, et al. Do the selected Trans European transport investments pass the cost benefit test?[J]. Transportation, 2014,41:107-132.

[78] Bidne D, Kirby A, Luvela L J, et al. The value for money analysis: a guide for more effective PSC and PPP evaluation[R].2013.

[79] Morallos D, Amekudzi A. A review of Value-for-Money analysis for comparing Public-Private Partnerships with traditional procurements: Transportation Research Board 87th Annnual Meeting, Washington D.C, 2008[C].

[80] Peng W, Cui Q, Lu Y, et al. Achieving value for money: An analytic review of studies on Public Private Partnerships: construction research congress 2014, 2014[C].

[81] Berger P, Hawkesworth I. How to attain value for money: Comparing PPP and traditional infrastructure public procurement[J]. OECD Journal on Budgeting, 2011, 2011(1): 1-56.

[82] Soomro M A, Zhang X. Value for money drivers in transportation Public Private Partnerships: 24the IMPA World Congress, Istanbul, Turkey, 2010[C].

[83] 郭上. 我国 PPP 模式物有所值评价研究[D]. 北京：财政部财政科学研究院，2015.

[84] 陈思阳，王明吉. PPP 项目"物有所值"评价（VFM）体系研究[J]. 财政科学，2016（8）：65-71.

[85] Yang H, Kong H Y, Meng Q. Value-of-time distributions and competitive bus services[J]. Transportation Research Part E, 2001, 37: 411-424.

[86] Kang C, Lee T, Huang S. Royalty bargaining in Public-Private Partnership projects: Insights from a theoretic three-stage game auction model[J]. Transportation Research Part E-Logistics and Transportation Review, 2013,2013(59): 1-14.

[87] L. Y. Shen M A, Bao H J, Wu Y Z, et al. Using bargaining-game theory for negotiating concession period for BOT-type contract[J]. Journal of Construction Engineering and Management, 2007, 133(5): 385-392.

[88] 汪文雄. PPP 模式下城市交通基础设施[M]. 南京：东南大学出版社，2013.

[89] Wang J Y T, Yang H. A game-theoretic analysis of competition in a deregulated bus market[J]. Transportation Research Part E-Logistics and Transportation Review, 2005,41(2005): 329-355.

[90] Yang H, Kin W K. Modeling bus service under competition and

regulation[J]. Journal of Transportation Engineering, 2000, 126(5): 419-425.

[91] Rounmboutsos A, Kapros S. A game theory approach to urban public transport integration policy[J]. Transport Policy, 2008(15): 209-215.

[92] Hu X, Wang J, Sun G. A game theory approach for the operators' behavior analysis in the urban passenger transportation market[J]. Advanced Engineering Forum, 2012, 5: 38-43.

[93] Medda F. A game theory approach for the allocation of risks in transport public private partnerships[J]. International Journal of Project Management, 2007, 25(2007): 213-218.

[94] Jin X, Zhang G. Modelling optimal risk allocation in PPP projects using artificial neural networks[J]. International Journal of Project Management, 2011, 29: 591-603.

[95] 周义程，李阳. 市场化、民营化、私有化的概念辨析[J]. 天府新论，2008（3）：92-96.

[96] 斯蒂夫·汉克著. 私有化与发展[M]. 管维立译. 北京：中国社会科学出版社，1989.

[97] Leeibenstein H. General X-efficiency theory and economic development[M]. New York: Oxford University Press, 1978.

[98] 史际春，肖竹. 公共事业民营化及其相关法律问题研究[J]. 北京大学学报（哲学社会科学版），2004，41（4）:79-86.

[99] 程玮. 教育民营化的理论与实践初探[J]. 当代教育论坛，2008（13）：62-63.

[100] 全国咨询工程师投资执业资格考试参考教材编写委员会. 项目决策分析与评价[M]. 北京：中国计划出版社，2017.

[101] Moshe B, Michel B, Denis B, et al. Discrete choice analysis-the theory and application to travel demand[M]. Cambridge, Mass, USA: MIT Press, 2010.

[102] Train K E. Discrete choice methods with simulation,2nd

edition[M]. Cambridge, UK: Cambridge University Press, 2009.

[103] 关宏志. 非集计模型-交通行为分析的工具[M]. 北京：人民交通出版社，2004.

[104] 钟芳. 公共交通出行方式选择的演化博弈理论[J]. 交通科技与经济，2013，15（1）：66-68.

[105] 陈星光，周晶，朱振涛. 城市交通出行方式选择的演化博弈分析[J]. 管理工程学报，2009，23（2）：140-143.

[106] 关宏志，蒲亮. 基于演化博弈理论的有限理性交通选择行为模型[J]. 北京工业大学学报，2010，36（8）：115-118.

[107] 肖海燕，王先甲. 政府参与模式下出行者出行方式选择行为的演化博弈分析[J]. 管理工程学报，2010，24（2）：115-118.

[108] 罗清玉，吴文静，贾洪飞，等. 基于前景理论的居民出行方式选择分析[J]. 交通信息与安全，2012，167（30）：37-40.

[109] 秦世环. 基于前景理论的出行方式与路径联合选择行为研究[D]. 哈尔滨：哈尔滨工业大学，2013.

[110] Yunqiang Xue, Huishu Fan, Hongzhi Guan. Commuter departure time choice considering parking space shortage and commuter's bounded rationality[J]. Journal of Advanced Transportation, vol. 2019, Article ID 4864287, 7 pages, 2019. https://doi.org/10.1155/2019/4864287.

[111] I A. the theory of planned behavior[J]. Organizational Behavior and Human Decision Process, 1991,50(2): 179-211.

[112] 洪妙川. 计划行为理论在出行行为研究中的应用与扩展[J]. 改革与探索，2014（2）：248-249.

[113] Heath Y, Gifford R. Extending the theory of planned behavior: predicting the use of public transportation[J]. Journal of Applied Social Psychology, 2002, 32(10): 2154-2189.

[114] 薛逻维，薛运强. 基于元胞自动机的公交乘客上下车行为仿真分析[J]. 武汉理工大学学报（交通科学与工程版），2020，44（2）：231-238.

[115] 郑常龙. 基于效用理论的城市居民出行方式选择分析[D]. 北京: 北京工业大学，2013.

[116] 薛运强，刘彤，巩丽媛，等. 影响公交分担率的关键因素研究 [J]. 交通标准化，2013:8-11.

[117] 薛运强，刘彤，巩丽媛，等. 基于 ML 模型的样本量研究[J]. 科学技术与工程，2012，12（20）：1671-1815.

[118] 吴鹏，吴稼豪. 居民出行调查及数据处理系统的设计[J]. 市场周刊，2012（2）：97-100.

[119] 王瑞. 城市居民出行调查若干问题研究[D]. 西安：长安大学，2006.

[120] 张维. 基于手机定位数据的城市居民出行特征提取方法研究 [D]. 南京：东南大学，2015.

[121] 李祖芬，于雷，高永，等. 基于手机信令定位数据的居民出行时空分布特征提取方法[J]. 交通运输研究，2016，2（1）：51-57.

[122] 阳扬，欧冬秀，何向俊. 基于手机 APP 大数据的交通出行数据获取方法[J]. 交通信息与安全，2015，33（6）：40-47.

[123] 李娜，董志国，薛美根，等. 上海市第五次综合交通调查新技术方法实践[J]. 城市交通，2016，14（2）：35-43.

[124] 师富民. 基于 IC 卡数据的公交 OD 矩阵构造方法研究[D]. 长春：吉林大学，2003.

[125] 李春艳，郭继孚，安志强，等. 城市综合交通调查发展建议——基于北京市第五次综合交通调查[J]. 城市交通，2016，14（2）：29-34.

[126] DOT U S, EPA U S. Travel survey manual[R]. Washington DC: U.S. Department of Transportation,U.S. Environmental Protection Agency, 1996.

[127] 日本国土交通省. 综合都市交通体系调查手册[R]. 东京：国土交通省，1980.

[128] 薛运强，刘彤，巩丽媛，等. 提升公交分担率的关键因素研究——基于济南市居民出行意愿调查数据分析[J]. 交通与运

输，2012（12）：9-12.

[129] 付晓峰. 综合交通调查获各界大力支持, 群众建言献策打造"和谐交通" [N]. 济南日报,（泉城规划）, 2013.

[130] 刘彤, 巩丽媛, 周欣, 等. 济南市居民出行调查分析与对策研究[J]. 交通标准化, 2010（228）：150-153.

[131] 马晖玮. 基于非集计模型的居民出行方式选择影响因素研究[D]. 南京：南京财经大学, 2014.

[132] Xue Y, Guan H, Qin H, et al. The study on key factors influencing public transport share rate based on disaggregate model-jinan as an example: 14th COTA International Conference of Transportation Professionals, Changsha, China, 2014[C].

[133] 毛峰. 基于多源轨迹数据挖掘的居民通勤行为与城市职住空间特征研究[D]. 上海：华东师范大学地球科学学部地理科学学院, 2015.

[134] Xue Y, Guan H, Corey J, et al. Quantifying a financially sustainable strategy of public transport: private capital investment considering passenger value[J]. Sustainability, 2017, 9(2): 261-269.

[135] Seybold P B, Marshak R T, Lewis J M. The customer revolution: How to thrive when customers are in control[M]. New York, NY, USA: Crown Business, 2001.

[136] 孟庆良. 客户价值驱动的客户关系管理及其有效性测评[M]. 北京：中国物资出版社, 2011.

[137] Reichheld F F. The loyalty effect: the hidden force behind growth, profits, and lasting value[M]. Boston, Massachusetts: Harvard Business School Press, 1996.

[138] 齐佳音, 舒华英. 客户价值理论[M]. 北京：北京邮电大学出版社, 2005.

[139] 迟准. 典型运营企业客户流失预测与评价研究[D]. 哈尔滨：哈尔滨工业大学, 2013.

[140] 苑国跃. 基于价值贡献和消费特征的移动客户价值评价研究 [D]. 成都：电子科技大学，2013.

[141] 李海莉. 基于客户价值的移动商务价值网价值促生机制研究 [D]. 长春：吉林大学，2009.

[142] 王少军. 基于顾客价值的我国高速铁路不同类别客运客户关系管理研究[D]. 北京：北京交通大学，2014.

[143] 袁艳敏. 基于顾客忠诚的铁路旅客市场细分研究[D]. 北京：北京交通大学，2013.

[144] 郑平标，朱克非，代明睿. 基于客户价值分析的铁路客户分类方法探讨[J]. 铁道运输与经济，2014，3（36）：42-46.

[145] 孙广林. 城市公共交通价格联动策略研究[D]. 哈尔滨：哈尔滨工业大学交通科学与工程学院， 2013.

[146] 胡长英. 双层规划理论及其在管理中的应用[M]. 北京：知识产权出版社， 2012.

[147] Colson B, Marcotte P, Savard G. An overview of bilevel optimization[J]. Annals of Operations Research, 2007(153): 235-256.

[148] 邓琦. 北京公交地铁支出占可支配收入比偏低[N]. 2014，新京报.

[149] 陈朝晖. 二元函数凹凸性的判别法及最值探讨[J]. 高师理科学刊，2010，30（5）：25-29.

[150] Boyd S, Vandenberghe L. Convex optimization[M]. Cambridge, UK: Cambridge University Press, 2009.

[151] Sinha S, Sinha S B. KKT transformation approach for multi-objective multi-levle linear programming problems[J]. European Journal of Operational Research, 2002, 143: 19-31.

[152] Colson B. Mathematical programs with equilibrium constraints and nonlinear bi-level programming problems[M]. Namur, Belgium: University of Namur, 1999.

[153] Colson B, Marcotte P, Savard G. A trust-region method for

nonlinear bilevel programming: algorithm and computational experience[J]. Computational Optimization and Applications, 2005, 30: 211-227.

[154] 贾飞. 解非线性双层规划的算法研究[D]. 西安：西安电子科技大学，2014.

[155] Colson B, Marcotte P, Savard G. An overview of bilevel optimization[J]. Ann Oper Res, 2007, 153: 235-256.

[156] Demps S. Foundation of Bi-level programming[M]. The Netherlands: Dordrecht, 2003.

[157] Deng X, Migdalas A, Pardalos P M. Complexity issues in bi-level linear programming, in Multi-level optimization: Algorithms and applications[M]. Dordrecht: Kluwer Academic Publishers, 1998.

[158] Yang H, Bell M G H. Transport bilevel programming problems: recent methodological advances[J]. Transportation Resarch Part B, 2001,35:1-4.

[159] Goldberg D E. Genetic algorithms in search, optimization, and machine learning[M]. Mass,USA: Addison-Wesley, 1989.

[160] Yokota T, Gen M, Li Y, et al. A genetic algorithm for interval nonlinear integer programming problem[J]. Computers ind. Engng, 1996, 31(3): 913-917.

[161] Jinan B O S. Year Book of Jinan city[M]. Beijing, China: China Statistic Press, 2015.

[162] Xue X. White Book of Jinan public traffic development in year 2011[R]. Jinan: Jinan Urban Transport Research Center, 2012.

[163] 曾宏德. 多群体演化博弈均衡的渐近稳定性分析及其应用[D]. 广州：暨南大学，2012.

[164] Su B B, Chang H, Chen Y Z. A game theory model of urban traffic networks[J]. Physica A, 2007(379): 291-297.

[165] Smith M J. The stability of a dynamic model of traffic assignment-an application of a method of lyapunov[J].

Transportation Science, 1984, 18(3): 245-252.

[166] Yunqiang Xue, Hongzhi Guan, Jonathan Corey, Heng Wei. Evolutionary game model of private capital investment in urban public transportation[J]. KSCE Journal of Civil Engineering, 2018, 22(9): 3620-3532.

[167] Haelterman R. Analytical study of the Least Squares Quasi-Newton method for interaction problems[D]. Universiteit Gent, 2009.

[168] Martnez J M. Practical quasi-Newton methods for solving nonlinear systems[J]. Journal of Computational and Applied Mathematics, 2000, 2000(124): 97-121.

[169] Costa A, Fernandes R. Urban public transport in Europe: Technology diffusion and market organisation[J]. Transportation Research Part A, 2012, 46: 269-284.

[170] 范晨卉, 郭小栋. PPP 模式在城市公共交通行业的应用[J]. 经济论坛, 2010（8）: 144-145.

[171] 章文晋, 陈尧. PPP 模式在公共交通领域的应用研究[J]. 人民公交, 2015（6）: 32-34.

[172] Rouhani O M, Niemeier D. Resolving the property right of transportation emissions through public-private partnerships[J]. Transportation Research Part D: Transport and Environment, 2014, 2014(31): 48-60.

[173] Egimez G, Tatari O. A dynamic modelling approach to highway sustainability: Srategies to reduce overall impact[J]. Transportation Research Part A, 2012(46): 1086-1096.

[174] Yunqiang Xue, Hongzhi Guan, Jonathan Corey, et.al. Transport emissions and energy consumption impacts of private capital investment in public transport [J]. Sustainability, 2017, 9(10), 1760; doi:10.3390/su9101760.

[175] 王德鲁, 马刚. 煤炭城市应对能源价格冲击的政策模拟研究-基

于系统动力[J]. 北京理工大学学报（社会科学版），2016，18（6）：10-22.

[176] Abbas K A, Bell M G H. System dynamics applicability to transportation modeling[J]. Transportation Research Part A: Policy and Practice, 1994, 28A(5): 373-400.

[177] 段世霞，谢芳. 基于系统动力学的城市轨道交通 PPP 项目价格影响因素研究[J]. 工业技术经济，2014（7）：117-122.

[178] 薛运强，张兵，安静. "交通系统分析"课程教学改革与实践[J]. 教育现代化，2018，5（48）：67-68，80.

[179] 王其藩. 高级系统动力学[M]. 北京：清华大学出版社，1995.

[180] 蔡皓，谢绍东. 中国不同排放标准机动车排放因子的确定[J]. 北京大学学报（自然科学版），2010，46（3）：318-326.

[181] Cai H, Xie S D. Estimation of vehicular emission inventories in China from1980 to 2005[J]. Atmospheric Environment, 2007, 39(41): 8963-8979.

[182] 薛运强，关宏志，武平. 民间资本介入城市公交的能耗与排放效果分析[J]. 北京理工大学学报（社会科学版），2017，19（5）：44-52.

附　录

附录 A　济南公交运营报表

表 A.1　济南公交财务收支报表

单位：　　　　　　　　　　　　　　　　　　　　　　　　　　　　年

名目	××月		××季度		××年	
	计划	实际	计划	实际	计划	实际
一、企业收入						
票款收入						
其中：零票收入						
租车收入						
月票收入						
减：市政附加						
减：税金						
二、企业支出（万元）						
● 成本支出（万元）：						
（一）材料消耗（万元）						
1. 燃料						
2. 材料						
3. 润料						
（二）工资附加						
1. 工资+奖金						

2. 工资					
3. 职工福利费					
4. 工会及教育					
（三）轮胎					
（四）折旧					
（五）大修					
（六）各项费用					
1. 事故费					
2. 修理费					
其中：保养费					
修理费					
3. 办公费					
其中：电话费					
4. 水电费					
5. 失业保险					
6. 卫生费					
7. 煤炭费					
8. 票斗票据					
9. 其他					
10. 养老金					
11. 税金					
12. 票款整理费					
13. 人才管理费					
14. 效益补贴					
15. 工伤保险					

16. 公积金					
17. 生育保险					
18. 场站管理费					
19. 安保费					
20. 医疗保险					
• 营业外支出					
三、企业利润（万元）					
四：行驶里程					
五：千公里收入					
六：千公里成本					
七：千公里利润					

注：为了方便页面显示，保持原表内容，版式有所调整。车队与公司收支报表内容一致。

表 A.2　济南公交运营报表

单位：　　　　　　　　　　　　　　　　　　　　　　　年　　月　　日

本月完成指标	线路1	线路2	线路3	年累计完成指标	线路1	线路2	线路3
营运车日				营运车日			
完好车日				完好车日			
工作车日				工作车日			
完好车率（％）				完好车率（％）			
工作车率（％）				工作车率（％）			
正点				正点			
正点率（％）				正点率（％）			
故障时间（时）				故障时间（时）			
故障率（秒/百公里）				故障率（秒/百公里）			
高峰班次计划				高峰班次计划			
高峰班次实际				高峰班次实际			
高峰完成率（％）				高峰完成率（％）			
班次计划				班次计划			
班次实际				班次实际			
班次完成率（％）				班次完成率（％）			
里程计划（千米）				里程计划（千米）			
里程实际（千米）				里程实际（千米）			
里程完成率（％）				里程完成率（％）			
客运量合计（人次）				客运量合计（人次）			
零票运量				零票运量			
普通卡运量				普通卡运量			
其他运量				其他运量			
收入合计（元）				收入合计（元）			
零票收入（元）				零票收入（元）			
IC卡收入（元）				IC卡收入（元）			
收入计划（元）				收入计划（元）			
收入完成率（％）				收入完成率（％）			

注：为了方便页面显示，保持原表内容，版式有所调整；日报表与月报表内容相似。车队与公司报表的指标一致。

表A.3 济南公交广告业务价目表

广告媒体	规格	级别	单位	期限	费用		期限	费用		期限	费用	
					媒体费（元）	制作费（元）		媒体费（元）	制作费（元）		媒体费（元）	制作费（元）
BRT1.2.3.5号线	18米整车广告	A级	1辆	一年	120000	7000	半年	78000	7000	三个月	52700	7000
	12米整车广告	A级	1辆	一年	100000	6000	半年	65000	6000	三个月	43900	6000
BRT4.6.7号线	18米整车广告	B级	1辆	一年	80000	7000	半年	52000	7000	三个月	35100	7000
	12米整车广告	B级	1辆	一年	60000	6000	半年	39000	6000	三个月	26400	6000
BRT6.7号线	12米局部广告	B级	1辆	一月	5000	2400						
505路	10米长江黄河整车广告		1辆	一年	60000	5000	半年	39000	5000	三个月	26400	5000
507路	6米恒通整车广告		1辆	一年	60000	4000	半年	39000	4000	三个月	26400	4000
141路	12米中通新能源整车广告		1辆	一年	60000	6000	半年	39000	6000	三个月	26400	6000
146路	10米黄河整车广告		1辆	一年	60000	6000	半年	39000	6000	三个月	26400	6000
149路	12米中通整车广告		1辆	一年	60000	6000	半年	39000	6000	三个月	26400	6000
161路	10米黄河整车广告		1辆	一年	60000	5000	半年	39000	5000	三个月	26400	5000
168路	6米恒通/10米金旅整车广告		1辆	一年	50000	4000/5000	半年	32500	4000/5000	三个月	21900	4000/5000
K73路	7米济客/10米整车广告		1辆	一年	60000	5000	半年	39000	5000	三个月	26400	5000

续表

广告媒体	规格	级别	单位	期限	费用 媒体费（元）	制作费（元）	期限	费用 媒体费（元）	制作费（元）	期限	费用 媒体费（元）	制作费（元）
171路	12米中通整车广告		1辆	一年	60000	6000	半年	39000	6000	三个月	26400	6000
209路	10米济客		1辆	一年	60000	6000	半年	39000	6000	三个月	26400	6000
329路、330路、331路、332路、333路	8米恒通整车广告		1辆	一年	60000	6000	半年	39000	6000	三个月	26400	6000
510路、516路、517路	7米金旅		1辆	一年	50000	5000	半年	32500	5000	三个月	21900	5000
			1辆	一年	50000	5000	半年	32500	5000	三个月	21900	5000
168路、505路、K169路、209路、329路、330路、331路、332路、333路、507路、73路、K161路、K141、K146路、K149、171路、510路、516路、517路	局部广告		1辆	一月	4000	2000						

附录 B   关于民间资本投资的法律法规文件

表 B.1   国家鼓励民资投资的相关法律

发布年份	法律名称
1999 年	《中华人民共和国招投标法》
2002 年	《中华人民共和国政府采购法》
2003 年	《中华人民共和国行政许可法》
2014 年	《中华人民共和国预算法》
2014 年	《基础设施和公用事业特许经营法》(征求意见稿)
2016 年	《中华人民共和国政府和社会资本合作法》(征求意见稿)

表 B.2   国家鼓励民资投资的相关法规

发布年份	发布部门	法规名称
2007 年	国务院	《中华人民共和国政府信息公开条例》
2011 年	国务院	《中华人民共和国招标投标实施条例》
2015 年	国务院	《中华人民共和国政府采购法实施条例》
2015 年	交通运输部	《收费公路管理条例》(修订征求意见稿)

表 B.3   国家鼓励民资投资的相关部门规章

年份	发布部门	规章名称
2003 年	国资委	《企业国有产权转让管理暂行办法》国资委第 3 号令
2004 年	财政部	《政府采购信息公告管理办法》财政部第 19 号令
2004 年	建设部	《市政公用事业特许经营管理办法》建设部第 126 号令
2014 年	财政部	《政府采购非招标采购方式管理办法》财政部第 74 号令
2014 年	财政部	《政府采购竞争性磋商采购方法管理暂行办法》财库〔2014〕214 号

续表

年份	发布部门	规章名称
2014 年	财政部	《政府和社会资本合作项目政府采购管理办法》财库〔2014〕215 号
2014 年	财政部	《2014 年地方政府债务自发自还试点办法》财库〔2014〕57 号
2014 年	财政部	《地方政府性存量债务清理处置办法》（征求意见稿）
2014 年	财政部	《政府和社会资本合作模式操作指南（试行）》财政部 113 号文
2014 年	发改委	《政府和社会资本合作项目通用合同指南》发改委 2724 号文
2014 年	财政部	《政府购买服务管理办法（暂行）》财综〔2014〕96 号
2014 年	国务院	《关于创新重点领域投融资机制鼓励社会投资的指导意见》国发〔2014〕60 号
2014 年	财政部	《地方政府存量债务纳入预算管理清理甄别办法》财政部 351 号文
2015 年	财政部	《2015 年地方政府专项债权预算管理办法》
2015 年	财政部	《地方政府一般债券发行管理暂行办法》
2015 年	发改委	《政府和社会资本合作项目前期工作专项补助资金管理暂行办法》
2015 年	发改委、财政部、交通运输部、住建部、水利部、人民银行	《基础设施和公用事业特许经营管理办法》2015 年第 25 号令
2015 年	发改委	《项目收益债券管理暂行办法》发改办财金〔2015〕2010 号
2015 年	财政部	《中央财政服务业发展专项资金管理办法》
2015 年	证监会	《公司债发行与交易管理办法》证监会第 113 号令
2015 年	发改委	《项目收益债券试点管理办法（试行）》
2015 年	发改委	《政府和社会资本合作项目前期工作专项补助资金管理暂行办法》

年份	发布部门	规章名称
2015 年	保监会	《保险资金间接投资基础设施项目管理暂行办法》(征求意见稿)
2015 年	财政部	《政府投资基金管理办法》财预〔2015〕210 号
2015 年	发改委	《战略性新兴产业专项债券发行指引》
2015 年	发改委	《养老产业专项债券发行指引》发改办财金〔2015〕817 号
2015 年	发改委	《印发城市地下综合管廊建设专线债券发行指引》
2015 年	发改委	《城市停车建设专项债券发行指引》
2015 年	发改委	《项目收益债券业务指引》
2015 年	财政部	《政府和社会资本合作项目财政承受能力论证指引》财金〔2015〕21 号
2016 年	财政部	《政府采购评审专家管理办法》财金〔2016〕198 号
2017 年	财政部	《政府和社会资本合作(PPP)综合信息平台信息公开管理暂行办法》财金〔2017〕1 号
2018 年	财政部	2018 财政部《中共中央 国务院关于完善国有金融资本管理的指导意见的通知》财金〔2018〕87 号

表 B.4　国家鼓励民资投资的相关规范性文件

年份	发布部门	文件名称
1985 年	国务院	《关于改革城市公共交通工作的报告》国发〔1985〕59 号
1995 年	对外经贸合作部	《关于以 BOT 方式吸引外商投资有关问题的通知》外经贸法函字〔1994〕第 89 号
1995 年	国家计委、电力部、交通部	《关于试办外商投资特许权项目审批管理问题的通知》计外资〔1995〕1208 号
1995 年	国家外汇管理局	《关于境内机构进行项目融资有关事实的通知》汇资函字〔95〕099 号
1995 年	计外资	《关于试办外商投资特许权项目审批管理有关问题的通知》计外资〔1995〕1208 号
1996 年	国务院	《关于固定资产投资项目试行资本金制度的通知》国发〔1996〕35 号
2001 年	国家计委	《关于印发促进和引导民间投资的若干意见的通知》
2002 年	建设部	《关于加快市政公用行业市场化进程的意见》建城〔2002〕272 号
2003 年	国务院办公厅	《关于加强城市快速轨道交通建设管理的通知》国办发〔2003〕81 号
2004 年	建设部	《关于印发城市供水、管道燃气、城市生活垃圾处理特许经营协议示范文本的通知》建城〔2004〕162 号
2004 年	国务院	《关于投资体制改革的决定》国发〔2004〕20 号
2005 年	国务院	《关于优先发展城市公共交通意见的通知》国发〔2005〕46 号文
2005 年	国务院	《关于鼓励支持和引导个人私营等非公有制经济发展的若干意见》
2005 年	原铁道部	《关于鼓励支持和引导非公有制经济参与铁路建设经营的实施意见》铁政发〔2005〕123 号
2006 年	国资委	《关于企业国有产权转让有关事项的通知》国资发产权〔2006〕306 号
2009 年	国务院	《国务院关于调整固定资产投资项目资本金比例的通知》国发〔2009〕27 号
2010 年	国务院	《国务院关于鼓励和引导民间投资健康发展的若干意见》国发〔2010〕13 号

年份	发布部门	文件名称
2010 年	财政部	《关于贯彻国务院加强地方政府融资平台公司管理的通知》财预〔2010〕412 号
2010 年	国务院	《关于鼓励和引导民间资本投资健康发展的若干意见》〔2010〕13 号
2010 年	国务院办公厅	《关于进一步鼓励和引导社会资本举办医疗机构意见的通知》国办发〔2010〕58 号
2010 年	国务院办公厅	《关于鼓励和引导民间投资健康发展重点工作分工的通知》国办函〔2010〕120 号
2011 年	国务院办公厅	《关于进一步完善投融资政策促进普通持续健康发展若干意见的通知》国办发〔2011〕22 号
2012 年	交通运输部	《关于鼓励和引导民间资本投资公路水路交通运输领域的实施意见》交规划发〔2012〕160 号
2012 年	国务院	《国务院关于城市优先发展公共交通的指导意见》国发〔2012〕64 号
2012 年	财政部、发改委、人民银行、银监会	《关于制止地方政府违法违规融资行为的通知》财预〔2012〕463 号文
2012 年	住建部	《关于印发进一步鼓励和引导民间资本进入市政公用事业领域的实施意见的通知》
2013 年	中共中央	《中共中央关于全面深化改革若干重大问题的决定》
2013 年	国务院办公厅	《国务院办公厅关于做好全国政府性债务审计工作的通知》国办发明电〔2013〕20 号
2013 年	国务院办公厅	《国务院办公厅关于政府向社会力量购买服务的指导意见》国办发〔2013〕96 号
2013 年	国务院	《关于加强城市基础设施建设的意见》国发〔2013〕36 号
2014 年	国务院	《关于加强地方政府性债务管理的意见》国发〔2014〕43 号
2014 年	财政部	《关于推广运用政府和社会资本合作模式有关问题的通知》财金〔2014〕76 号
2014 年	国务院	《国务院关于加强地方政府性债务管理的意见》国发〔43〕号文

年份	发布部门	文件名称
2014 年	财政部	关于印发《地方政府存量债务纳入预算管理清理甄别办法》的通知-财预〔2014〕351 号文
2014 年	国务院办公厅	《国务院关于改革铁路投融资体制加快推进铁路建设的意见》国办发〔2014〕37 号
2014 年	国务院	《关于深化预算管理制度改革的决定》
2014 年	财政部	《关于公共基础设施项目享受企业所得税优惠政策问题的补充通知》财税〔2014〕55 号
2014 年	财政部	《关于做好政府购买养老服务工作的通知》财社〔2014〕105 号
2014 年	财政部	《关于政府和社会资本合作示范项目实施有关问题的通知》财金〔2014〕112 号
2014 年	财政部	《关于规范政府和社会资本合作合同管理工作的通知 （试行）》财金〔2014〕156 号
2014 年	国务院	《国务院关于清理规范税收等优惠政策的通知》国发〔2014〕62 号
2014 年	国务院	《国务院关于发布政府核准的投资项目目录（2014 年本）的通知》国发〔2014〕53 号
2014 年	国务院办公厅	《关于支持铁路建设实施土地综合开发的意见》国办发〔2014〕37 号
2014 年	国务院	批转《关于 2014 年深化经济体制改革重点任务的意见》国发〔2014〕18 号
2014 年	交通运输部	《交通运输部关于开展全面深化交通运输改革试点工作的通知》交政研发〔2014〕234 号
2014 年	国务院	《国务院关于批转财政部权责发生制政府综合财务报告制度改革方案的通知》国发〔2014〕63 号
2014 年	财政部、民政部、工商总局	关于印发《政府购买服务管理办法（暂行）》的通知-财综〔2014〕96 号
2015 年	中共中央、国务院	《中共中央、国务院关于深化国有企业改革的指导意见》中发〔2015〕22 号
2015 年	发改委	关于切实做好《基础设施和公用事业特许经营管理办法》贯彻实施工作的通知-发改法规〔2015〕1508 号

年份	发布部门	文件名称
2015 年	国务院办公厅	国务院办公厅转发财政部、人民银行等四部委《关于在公共服务领域推广政府和社会资本合作模式的指导意见的通知》-国办发〔2015〕42 号
2015 年	财政部	《财政部关于进一步做好政府和社会资本合作项目示范工作的通知》财金〔2015〕57 号
2015 年	民政部、发改委等十部门	《关于鼓励民间资本参与养老服务业发展的实施意见》民发〔2015〕33 号
2015 年	财政部、住建部	《关于市政公用领域开展政府和社会资本合作项目推介工作的通知》财建〔2015〕29 号
2015 年	发改委、国开发行	《关于推进开发性金融支持政府和社会资本合作有关工作的通知》发改投资〔2015〕445 号
2015 年	财政部	《关于政府采购竞争性磋商采购方式管理暂行办法有关问题的补充通知》财库〔2015〕124 号
2015 年	财政部	《关于推进地方盘活财政存量资金有关事项的通知》财预〔2015〕15 号
2015 年	中共中央、国务院	《中共中央国务院关于推进价格机制改革的若干意见》
2015 年	发改委、英国财政部	《关于基础设施和公用事业及其投融资包括通过特许经营方式领域合作的谅解备忘录》
2015 年	财政部	印发《PPP 物有所值评价指引（试行）》的通知-财金〔2015〕167 号
2015 年	国务院	《国务院批转发改委关于 2015 年深化经济体制改革重点工作意见的通知》国发〔2015〕26 号
2015 年	农业银行	《关于做好政府和社会资本合作项目（PPP）信用业务的意见》
2015 年	发改委、财政部、水利部	《关于鼓励和引导社会资本参与重大水利工程建设运营的实施意见》发改农经〔2015〕488 号
2015 年	财政部	关于印发《地方政府专项债券发行管理暂行办法》的通知-财库〔2015〕83 号
2015 年	交通运输部	《关于印发全面深化交通运输改革试点方案的通知》交政研发〔2015〕26 号

续表

年份	发布部门	文件名称
2015 年	交通运输部	《交通基础设施政府与社会资本合作等模式试点方案》
2015 年	发改委、财政部	《关于运用政府投资支持社会投资项目的通知》
2015 年	财政部、交通运输部	《关于在收费公路领域推广运用政府和社会资本合作模式的实施意见》财建〔2015〕111 号
2015 年	国务院办公厅	国务院办公厅转发财政部、人民银行、银监会《关于妥善解决地方政府融资平台公司在建项目后续融资问题的意见》国办发〔2015〕40 号
2015 年	国务院	《关于调整和完善固定资产投资项目资本金制度的通知》国发〔2015〕51 号
2015 年	财政部、国土部等六部门	《关于运用政府和社会资本合作模式推进公共租赁住房投资建设和运营管理的通知》财综〔2015〕15 号
2015 年	发改委办公厅	《关于充分发挥企业债券融资功能支持重点项目建设促进经济平稳较快发展的通知》发改办财金〔2015〕1327 号
2015 年	发改委	《关于当前更好发挥交通运输支撑引领经济社会发展作用的意见》发改基础〔2015〕969 号
2015 年	交通运输部	《关于深化交通运输基础设施投融资改革的指导意见》交财审发〔2015〕67 号
2015 年	发改委、财政部等五部门	《关于进一步鼓励和扩大社会资本投资建设铁路的实施意见》发改基础〔2015〕1610 号
2015 年	发改委、财政部等七部门	《关于加强城市停车设施建设的指导意见》发改基础〔2015〕1788 号
2015 年	发改委	《关于进一步做好政府和社会资本合作项目推介工作的通知》
2015 年	国务院办公厅	《国务院办公厅关于加快融资租赁业发展的指导意见》国办发〔2015〕68 号
2015 年	财政部	《关于贯彻落实整合建立统一的公共资源交易平台工作方案有关问题的通知》财库〔2015〕163 号
2015 年	国务院	《关于改革和完善国有资产管理体制的若干意见》
2015 年	国务院办公厅	《国务院办公厅关于同意建立促进投资部际联席会议制度的函》国办函〔2015〕140 号

年份	发布部门	文件名称
2015 年	发改委	《关于做好社会资本投资铁路项目示范工作的通知》发改基础〔2015〕3123 号
2015 年	国务院	《国务院关于国有企业发展混合所有制经济的意见》国发〔2015〕54 号
2015 年	发改委	《关于下放部分交通项目审批权和简化审批程序的通知》发改基础〔2015〕2933 号
2015 年	财政部	关于印发《中央对地方专项转移支付管理办法》的通知-财预〔2015〕230 号
2015 年	国家能源局	《关于鼓励社会资本投资水电站的指导意见》国能新能〔2015〕8 号
2015 年	财政部、环保部	《关于推进水污染防治领域政府和社会资本合作的实施意见》财建〔2015〕90 号
2015 年	财政部	《关于做好政府采购信息公开工作的通知》财库〔2015〕135 号
2015 年	财政部	《关于公布第二批政府和社会资本合作示范项目的通知》财金〔2015〕109 号
2015 年	财政部	《关于实施政府和社会资本合作项目以奖代补政策的通知》财金〔2015〕158 号
2015 年	国务院	《国务院关于实行市场准入负面清单制度的意见》国发〔2015〕55 号
2015 年	财政部	关于印发《政府投资基金暂行管理办法》的通知-财预〔2015〕210 号
2016 年	国务院	《国务院批转国家发展改革委关于 2016 年深化经济体制改革重点工作意见的通知》国发〔2016〕21 号
2016 年	国务院	《中共中央国务院关于深化投融资体制改革的意见》中发〔2016〕18 号
2016 年	财政部	《关于规范政府和社会资本合作（PPP）综合信息平台运行的通知》
2016 年	财政部	关于印发《中央国有资本经营预算管理暂行办法》的通知-财预〔2016〕6 号
2016 年	财政部、交通运输部	《关于推进交通运输领域政府购买服务的指导意见》财建〔2016〕34 号
2016 年	财政部、发改委	《财政部 发展改革委关于进一步共同做好政府和社会资本合作（PPP）有关工作的通知》财金〔2016〕23 号

年份	发布部门	文件名称
2016 年	发改委办公厅	《国家发展改革委办公厅关于印发 2016 年停车场建设工作要点的通知》发改办基础〔2016〕718 号
2016 年	国家发展改革委、中国证监会	《关于推进传统基础设施领域政府和社会资本合作（PPP）项目资产证券化相关工作的通知》发改投资〔2016〕2698 号
2016 年	财政部	《关于在公共服务领域深入推进政府和社会资本合作工作的通知》财金〔2016〕90 号
2016 年	财政部	关于印发《政府和社会资本合作项目财政管理暂行办法》的通知-财金〔2016〕92 号
2016 年	财政部办公厅	关于征求《政府和社会资本合作物有所值评价指引（修订版征求意见稿）》意见的函-财办金〔2016〕118 号
2016 年	财政部	关于印发《财政部政府和社会资本合作（PPP）专家库管理办法》的通知-财金〔2016〕144 号
2017 年	国务院	《国务院关于印发"十三五"现代综合交通运输体系发展规划的通知》国发〔2017〕11 号
2017 年	财政部	关于印发《政府和社会资本合作（PPP）综合信息平台信息公开管理暂行办法》的通知-财金〔2017〕1 号
2017 年	财政部	《关于规范政府和社会资本合作（PPP）综合信息平台项目库管理的通知》财办金〔2017〕92 号
2017 年	财政部	《关于进一步规范地方政府举债融资行为的通知》财预〔2017〕50 号
2018 年	国务院	《关于推进国有资本投资、运营公司改革试点的实施意见》国发〔2018〕23 号
2018 年	财政部	《关于进一步规范全国 PPP 综合信息平台项目信息管理工作的通知》财政企函〔2018〕2 号
2018 年	财政部	《关于进一步加强政府和社会资本合作（PPP）示范项目规范管理的通知》财金〔2018〕54 号
2019 年	国务院	《深化收费公路制度改革取消高速公路省界收费站实施方案》国办发〔2019〕23 号
2019 年	国务院	《关于做好地方政府专项债券发行及项目配套融资工作的通知》
2019 年	国务院	《关于加强金融服务民营企业的若干意见》

续表

年份	发布部门	文件名称
2019 年	财政部	《关于推进政府和社会资本合作规范发展的实施意见》财金〔2019〕10 号
2019 年	财政部	财政部办公厅关于征求对《政府和社会资本合作（PPP）项目绩效管理操作指引（征求意见稿）》意见的函，财办金〔2019〕39 号
2019 年	财政部	《关于梳理 PPP 项目增加地方政府隐性债务情况的通知》财办金〔2019〕40 号

表 B.5　地方鼓励民资投资的部分文件

年份	发布部门	文件名称
2013 年	北京市人民政府	《关于印发引进社会资本推动市政基础设施领域建设试点项目实施方案的通知》京政法〔2013〕21 号
2015 年	北京市人民政府	《北京市人民政府关于创新重点领域投融资机制鼓励社会投资的实施意见》京政发〔2015〕14 号
2015 年	北京市人民政府办公厅	《北京市人民政府办公厅关于在公共服务领域推广政府和社会资本合作模式的实施意见》京政办发〔2015〕52 号
2016 年	北京市财政局	《北京市推广政府和社会资本合作（PPP）模式奖补资金管理办法的通知》京财经二〔2016〕510 号
2016 年	上海市人民政府	《上海市人民政府关于推广政府和社会资本合作模式的实施意见》沪府办发〔2016〕37 号
2015 年	天津市人民政府	《关于推进政府和社会资本合作的指导意见》津政发〔2015〕10 号
2015 年	重庆市人民政府	《关于创新重点领域投融资机制鼓励社会投资的实施意见》渝府发〔2015〕27 号
2014 年	山东省人民政府	《山东省人民政府关于贯彻落实国发（2013）36 号文件进一步加强城市基础设施建设的实施意见》
2015 年	山东省住建厅、财政厅	《关于做好城镇基础设施建设 PPP 试点项目推荐工作的通知》鲁建城字〔2014〕67 号
2015 年	山东省政府办公厅	《关于贯彻国发〔2014〕60 号文件创新重点领域投融资机制鼓励社会投资的实施意见》鲁政发〔2015〕12 号
2015 年	山东省政府办公厅	《转发省财政厅等部门关于妥善解决政府融资平台公私在建项目后续融资问题的实施意见的通知》鲁政办发〔2015〕29 号
2015 年	山东省财政厅	《山东省政府和社会资本合作（PPP）发展基金实施办法的通知》鲁财预〔2015〕45 号
2016 年	山东省财政厅	《山东省政府和社会资本合作项目奖补资金管理办法的通知》鲁财金〔2016〕4 号
2018 年	山东省财政厅	《山东省财政厅关于进一步规范山东省PPP项目综合信息平台管理规程的通知》鲁财金〔2018〕54 号
2018 年	山东省财政厅	《关于开展政府和社会资本合作（PPP）"规范管理年"活动的实施意见》鲁财金〔2018〕21 号

年份	发布部门	文件名称
2019 年	山东省财政厅	《关于开展政府和社会资本合作（PPP）"绩效管理年"活动的指导意见的通知》鲁财合〔2019〕3 号
2019 年	山东省财政厅	《关于全省 PPP 管理库项目质量检查情况的通报》
2014 年	青岛市发改委	《青岛市发展和改革委员会关于印发鼓励和引导社会资本参与投资基础设施等领域项目实施方案的通知》
2014 年	青岛市发改委	《关于鼓励和引导社会资本参与投资基础设施等领域项目的实施方案》
2015 年	山西省人民政府	《关于创新重点领域投融资机制鼓励社会投资的实施意见》晋政发〔2015〕20 号
2014 年	河北省人民政府	《河北省人民政府关于推广政府和社会资本合作（PPP）模式的实施意见》冀政〔2014〕125 号
2015 年	河北省发改委	《关于全力做好政府和社会资本合作（PPP）模式推广工作的通知》冀发改投资〔2015〕487 号
2015 年	河北省人民政府办公厅	《转发省财政厅省发展改革委人行石家庄中心支行关于在全省公共服务领域推广政府和社会资本合作模式实施意见的通知》冀政办法〔2015〕36 号
2014 年	河南省人民政府	《河南省人民政府关于推广运用政府和社会资本合作模式的指导意见》豫政〔2014〕89 号
2015 年	河南省人民政府办公厅	《关于促进政府投融资公司改革创新转型发展的指导意见》豫政办〔2015〕9 号
2015 年	河南省财政厅	《关于印发河南省 PPP 开发性基金设立方案的通知》豫财资合〔2015〕5 号
2017 年	河南省财政厅	《河南省财政厅 PPP 项目库入库指南》豫财资合〔2017〕1 号　已废止
2019 年	河南省财政厅	《河南省财政厅 PPP 项目库入库指南》
2015 年	郑州市人民政府	《关于推广运用政府和社会资本合作（PPP）模式的实施意见》郑政〔2015〕28 号
2015 年	河南省濮阳市人民政府	《河南省濮阳市人民政府关于推广运用政府和社会资本合作模式的实施意见》濮政〔2015〕25 号
2015 年	江苏省人民政府	《关于创新重点领域投融资机制鼓励社会投资的实施意见》苏政发〔2015〕86 号

续表

年份	发布部门	文件名称
2015 年	江苏省人民政府	《关于在公共服务领域推广政府和社会资本合作模式的实施意见》苏政发〔2015〕101 号
2017 年	江苏省人民政府	《省政府办公厅关于进一步激发社会领域投资活力的实施意见》苏政办发〔2017〕103 号
2014 年	江苏省财政厅	《江苏省财政厅关于推进政府与社会资本合作（PPP）模式有关问题的通知》苏财金〔2014〕85 号
2015 年	江苏省财政厅	《关于政府和社会资本合作（PPP）示范项目实施有关问题的通知》苏财金〔2015〕1 号
2015 年	江苏省财政厅	关于征求《江苏省 PPP 融资支持基金实施办法（试行）》修改意见的函-苏财金〔2015〕22 号
2015 年	江苏省财政厅	《关于印发<江苏省 PPP 融资支持基金实施办法（试行）>的通知》苏财规〔2015〕19 号
2016 年	江苏省财政厅	《政府和社会资本合作（PPP）项目奖补资金管理办法（试行）的通知》苏财规〔2016〕25 号
2017 年	江苏省财政厅	《关于进一步推进政府和社会资本合作规范发展的实施意见》苏财金〔2017〕92 号
2017 年	江苏省财政厅	《关于进一步鼓励、支持民营资本参与政府和社会资本合作（PPP）项目的实施意见》苏财金〔2017〕99 号
2017 年	江苏省财政厅	《关于转发财政部关于规范政府和社会资本合作（PPP）综合信息平台项目库管理的通知》苏财金〔2017〕109 号
2017 年	江苏省财政厅	江苏省财政厅关于印发《江苏省 PPP 融资支持基金实施办法的通知》苏财规〔2017〕43 号
2018 年	江苏省财政厅	《江苏省政府和社会资本合作（PPP）项目入库管理工作规则的通知》苏财金〔2018〕76 号
2019 年	江苏省财政厅	《关于进一步提高政府和社会资本合作（PPP）项目信息公开质量的意见》苏财金〔2019〕21 号
2019 年	江苏省财政厅	《关于进一步加强政府和社会资本合作（PPP）项目财政监督的意见》苏财金〔2019〕53 号
2015 年	江苏省徐州市政府	《江苏省徐州市政府关于推进政府与社会资本合作（PPP）模式的实施意见（试行）》徐政发〔2015〕19 号
2018 年	南京市政府办公厅	南京市进一步激发民间有效投资活力促进经济持续健康发展的若干措施的通知　宁政办发〔2018〕79 号

续表

年份	发布部门	文件名称
2014 年	浙江省人民政府办公厅	《浙江省人民政府办公厅关于切实做好鼓励社会资本参与建设运营示范项目工作的通知》浙政办发〔2014〕153 号
2015 年	浙江省人民政府办公厅	《关于推广运用政府和社会资本合作模式的指导意见》浙政办发〔2015〕9 号
2014 年	浙江省发改委、财政厅	《关于进一步加强浙江省政府性投资项目融资建设管理指导意见》
2015 年	浙江省财政厅	《浙江省财政厅关于推广运用政府和社会资本合作模式的实施意见》浙财金〔2015〕5 号
2015 年	浙江省财政厅	《浙江省推广政府和社会资本合作模式综合奖补资金管理暂行办法的通知》浙财金〔2015〕99 号
2016 年	浙江省财政厅	《浙江省基础设施投资（含 PPP）基金管理办法的通知》浙财建〔2016〕44 号
2016 年	浙江省财政厅、发改委	《关于在公共服务领域推广政府和社会资本合作模式的实施意见》浙财金〔2016〕13 号
2017 年	杭州市人民政府办公厅	《关于印发杭州市推行政府和社会资本合作项目管理办法（试行）的通知》杭政办函〔2017〕107 号
2014 年	安徽省人民政府	《安徽省人民政府关于加强城市基础建设实施的意见》
2014 年	安徽省住建厅	《安徽省城市基础设施领域 PPP 模式操作指南》
2014 年	安徽省财政厅	《安徽省财政厅关于推广运用政府和社会资本合作模式的意见》皖财金〔2014〕1828 号
2015 年	安徽省政府办公厅	《安徽省政府办公厅转发省财政厅省发展改革委人行合肥中心支行关于在公共服务领域推广政府和社会资本合作模式实施意见的通知》皖政办〔2015〕51 号
2015 年	安庆市政府	《关于推广运用政府和社会资本合作模式的意见》宜政秘〔2015〕20 号
2016 年	安徽省财政厅	《关于加强财政引导支持推进公共服务领域政府和社会资本合作工作的通知》财金〔2016〕1875 号

续表

年份	发布部门	文件名称
2017 年	安徽省财政厅	《对推广政府和社会资本合作（PPP）模式成效明显市县加大激励支持力度的实施办法的通知》财金〔2017〕173 号
2017 年	安徽省人民政府办公厅	《关于印发安徽省支持政府和社会资本合作（PPP）若干政策的通知》皖政办〔2017〕71 号
2014 年	江西省人民政府	《江西省人民政府关于鼓励社会资本进入社会事业领域的意见》赣府发〔2014〕39 号
2015 年	江西省人民政府	《关于开展政府和社会资本合作的实施意见》赣府发〔2015〕25 号
2015 年	江西省发改委	关于印发《2015 年江西（香港）政府和社会资本合作（PPP）专题推介会工作方案》赣发改外资〔2015〕337 号
2016 年	江西省财政厅	《关于进一步加快推进政府和社会资本合作（PPP）项目实施的通知》赣财债〔2016〕157 号
2016 年	江西省财政厅	《支持政府和社会资本合作模式发展专项奖励资金管理暂行办法的通知》赣财债〔2016〕93 号
2015 年	南昌市人民政府	《南昌市推广政府与社会资本合作（PPP）模式的实施意见（试行）》
2014 年	福建省人民政府	《福建省人民政府关于推广政府和社会资本合作（PPP）试点的指导意见》闽政〔2014〕47 号
2015 年	福建省人民政府办公厅	《关于推广政府和社会资本合作（PPP）试点扶持政策的意见》闽政办〔2015〕69 号
2016 年	福建省人民政府	《关于进一步做好政府和社会资本合作（PPP）试点工作的若干意见》闽政〔2016〕28 号
2017 年	福建省民政厅、财政厅	《关于鼓励社会资本投资养老服务 PPP 工程包的实施方案的通知》闽民福〔2017〕39 号
2015 年	厦门市人民政府办公厅	《关于推广政府和社会资本合作 PPP 模式试点扶持政策的意见》厦府办〔2015〕172 号
2015 年	厦门市人民政府	厦门市人民政府关于印发《厦门市推广运用政府和社会资本合作（PPP）模式实施方案》的通知
2015 年	三明市人民政府	《关于鼓励和引导社会资本参与基础设施等领域建设的实施意见》明政〔2015〕2 号

续表

年份	发布部门	文件名称
2015 年	漳州市人民政府	《关于推进政府和社会资本合作（PPP）试点工作的通知》漳政办〔2015〕46 号
2015 年	湖北省人民政府	《关于在公共服务领域推广运用政府和社会资本合作模式的实施意见》鄂政发〔2015〕55 号
2017 年	湖北省住房和城乡建设厅	《关于切实做好全省住建领域政府与社会资本合作（PPP）有关工作的通知》鄂建文〔2017〕60 号
2014 年	湖南省财政厅	《湖南省财政厅关于推广运用政府和社会资本合作模式的指导意见》湘财经〔2014〕49 号
2016 年	湖南省人民政府	《中共湖南省委湖南省人民政府关于深化投融资体制改革的实施意见》（湘发〔2016〕33 号）
2016 年	湖南省财政厅	《关于全省第三批政府和社会资本合作示范项目实施有关事项的通知》湘财金〔2016〕23 号
2017 年	湖南省发展和改革委员会、湖南省财政厅	《关于建立政府和社会资本合作（PPP）项目联审机制的通知》湘发改投资〔2017〕418 号
2018 年	湖南省财政厅	《关于实施 PPP 和政府购买服务负面清单管理的通知》湘财债管〔2018〕7 号
2014 年	广东省发改委	《广东省发展改革委员会关于编报政府与社会资本合作（PPP）项目的通知》
2014 年	广东省文化厅	《关于鼓励社会资本参与公共服务体系建设的暂行办法》粤文计财〔2014〕332 号
2015 年	广东省政府办公厅	《转发省财政厅发展改革委人民银行广州分行关于在公共服务领域推广政府和社会资本合作模式实施意见的通知》粤府办〔2015〕44 号
2017 年	广州市人民政府办公厅	《关于印发广州市推进政府和社会资本合作试点项目实施方案的通知》穗府办〔2017〕5 号

续表

年份	发布部门	文件名称
2018 年	深圳市发展和改革委员会、深圳市财政委员会	《深圳市政府和社会资本合作（PPP）实施细则的通知》深发改规〔2018〕1 号
2014 年	广西壮族自治区政府办公厅	《关于进一步鼓励和引导社会资本举办医疗机构实施意见的通知》桂政办发〔2014〕61 号
2015 年	广西壮族自治区政府办公厅	《关于推广运用政府和社会资本合作模式增加公共产品供给的指导意见》桂政办发〔2014〕65 号
2015 年	贵州省政府办公厅	《关于推广政府和社会资本合作模式的实施意见》
2014 年	云南省人民政府	《云南省人民政府关于印发云南省深化政府性债务管理体制改革等三个实施方案的通知》云政发〔2014〕73 号
2015 年	云南省人民政府	《关于创新重点领域投融资机制鼓励社会投资的实施意见》云政发〔2015〕31 号
2015 年	云南省政府办公厅	《云南省人民政府关于在公共服务领域加快推进政府和社会资本合作模式实施意见的通知》云政办发〔2015〕76 号
2017 年	云南省人民政府办公厅	《关于在公共服务领域深入推进 PPP 工作的通知》云政办发〔2017〕91 号
2014 年	昆明市人民政府	《昆明市人民政府关于鼓励和引导社会资本参与基础设施等领域建设的实施意见》
2014 年	昆明市人民政府	《关于鼓励和引导社会资本参与投资基础设施等领域建设的实施方案》昆政发〔2014〕45 号
2014 年	四川省财政厅	《四川省财政厅关于支持推进政府与社会资本合作有关政策的通知》川财金〔2014〕85 号
2014 年	四川省财政厅	《四川省"政府与社会资本合作"项目管理办法（试行）》川财金〔2014〕86 号
2015 年	四川省人民政府	《关于在公共服务领域推广 PPP 模式的实施意见》川府发〔2015〕45 号
2017 年	四川省财政厅	《四川省政府与社会资本合作（PPP）项目财政承受能力论证办法的通知》

年份	发布部门	文件名称
2017 年	四川省财政厅	《关于进一步加强政府债务和融资管理的通知》川府发〔2017〕10 号
2013 年	陕西省政府办公厅	《关于鼓励和引导社会资本进入养老服务领域的若干意见》陕政办发〔2013〕82 号
2014 年	陕西省发改委	《陕西省发展和改革委员会关于转发〈国家发展改革委关于开展政府和社会资本合作的指导意见〉的通知》
2015 年	陕西省政府办公厅	《关于在公共服务领域推广 PPP 模式的实施意见》陕政办发〔2015〕81 号
2015 年	陕西省发改委	关于印发《陕西省 PPP 项目库管理暂行办法的通知》陕发改投资〔2015〕1430 号
2015 年	陕西省教育厅	关于转发《陕西省 PPP 项目库管理暂行办法的通知》陕教发办〔2015〕11 号
2018 年	陕西省财政厅	《关于推进我省融资平台公司转型发展的意见的通知》陕财办预〔2018〕66 号
2018 年	陕西省财政厅	《陕西省财政厅转发财政部关于规范政府和社会资本合作（PPP）综合信息平台项目库管理的通知》陕财办金〔2017〕82 号
2018 年	陕西省财政厅	《陕西省财政厅关于进一步加强全省 PPP 示范项目规范管理的通知》陕财办金〔2018〕25 号
2015 年	甘肃省人民政府	《关于创新重点领域投融资机制鼓励社会投资的实施意见》甘政发〔2015〕23 号
2015 年	甘肃省发改委	《关于开展政府和社会资本合作的实施意见》甘发改投资〔2015〕142 号
2016 年	甘肃省人民政府	《关于在公共服务领域推广政府和社会资本合作模式实施意见的通知》甘政发〔2016〕24 号
2017 年	甘肃省人民政府	《甘肃省省级 PPP 项目引导资金管理办法的通知》甘政办发〔2017〕133 号
2018 年	甘肃省人民政府	《关于深化交通运输基础设施投融资体制机制改革的指导意见》甘政办发〔2018〕40 号
2015 年	内蒙古自治区人民政府	《关于公共服务领域推广政府和社会资本合作模式的实施意见》内政发〔2015〕70 号
2015 年	辽宁省人民政府	《辽宁省人民政府关于推广运用政府和社会资本合作模式的实施意见》辽政发〔2015〕37 号

年份	发布部门	文件名称
2014 年	辽宁省发改委	《关于发布首批鼓励和引导社会资本参与基础设施和公用事业等领域投资建设项目的通知》辽发改投资〔2014〕808 号
2014 年	沈阳市政府办公厅	《关于引进社会资本加强公共服务领域建设的实施意见》沈政办发〔2014〕35 号
2015 年	沈阳市政府办公厅	《2015 年推进政府和社会资本合作实施方案》沈政办发〔2015〕14 号
2014 年	吉林省发改委	《关于发布首批鼓励和引导社会资本参与基础设施和公用事业等领域投资建设项目的通知》吉发改投〔2014〕808 号
2015 年	吉林省人民政府	《关于创新重点领域投融资机制鼓励社会投资的实施意见》吉政发〔2015〕24 号
2015 年	黑龙江省政府办公厅	《关于转发省财政厅省发改委推广运用政府和社会资本合作 PPP 模式工作实施方案的通知》黑政办发〔2015〕63 号
2015 年	宁夏回族自治区人民政府	《宁夏人民政府关于发布宁夏 2015 年政府与社会资本合作项目（第一批）的通知》
2017 年	宁夏回族自治区人民政府办公厅	《关于进一步推进政府和社会资本合作模式（PPP）的实施意见》宁政办发〔2017〕96 号
2014 年	青海省财政厅	《关于鼓励社会资本参与基础设施建设和运营有关问题的通知》青财地金字〔1230〕
2015 年	海南省人民政府	《关于鼓励在公共服务领域推广政府和社会资本合作模式的实施意见》琼府〔2015〕95 号
2015 年	海南省财政厅	《关于推广运用政府和社会资本合作模式的实施意见》琼财债〔2015〕196 号
2015 年	海南省财政厅	《关于印发政府和社会资本合作模式操作指南（试行）的通知》琼财债〔2015〕759 号
2015 年	新疆维吾尔自治区人民政府	《关于加快城镇基础设施建设的实施意见》新政发〔2015〕12 号
2015 年	新疆维吾尔自治区人民政府	《关于在公共服务领域加快推行政府和社会资本合作模式的指导意见》新政办发〔2015〕127 号
2016 年	新疆维吾尔自治区财政厅	《新疆维吾尔自治区政府和社会资本合作引导基金管理暂行办法》的通知
2015 年	乌鲁木齐市政府	《新疆维吾尔自治区乌鲁木齐市推广政府与社会资本合作（PPP）模式指导意见》乌政办〔2015〕58 号

附录 C PPP 电子资源网址

组织机构、国家	部门名称及网址
联合国发展计划署（UNDP）	扶贫市政 PPP 工具：http://pppue.undp.org/toolkit/MOD112.html
世界银行	PPP 知识实验室：https://pppknowledgelab.org/
	世界银行 PPP 基础设施资源中心：http://ppp.worldbank.org/public-private-partnership/
	世界银行基础设施 PPP 项目数据库：http://ppi.worldbank.org/
	世界银行私有化项目数据库：http://rru.worldbank.org/Privatization
	世界银行 PPP 期刊 hand shake：https://www.handshakejournal.org/
	世行 PPP 论文和案例研究：http://rru.worldbank.org/Papers Links
	世行 PPP 工具包：http://rru.worldbank.org/Toolkits/
	世行公共政策干预：http://rru.worldbank.org/Toolkits
国际经济合作与发展组织	www.oecd.org
非洲开发银行集团	ADFB: www.afdb.org
亚洲开发银行	亚行 PPP 中心：www.adb.org/PrivateSector/default.asp
美洲开发银行	www.iadb.org/en/inter-american-development-bank.2837.html
商业发展合作者	www.bpdweb.org
产出导向型援助全球合作基金	www.gpoba.org/inex.html
国际金融公司	亚洲基础设施投资：www.ifc.ifcext/eastasia. nsf/Content/Infrastructure

组织机构、国家	部门名称及网址	
PPP 咨询机制	www.ppiaf.org/	
PPP 事件发布	PARTNERSHIP www.partnershipevents.com/	EVENTS:http:
PPP 公报	http://www.p3bulletin.com/	
欧洲 PPP 技术中心	http://www.eib.org/epec/	
欧洲 PPP 联盟	http://www.cream-europe.eu/en/	
	欧洲投资银行：http://www.eib.org/products/advising/epec/index.htm	
	阿尔巴尼亚 PPP 中心：http://www.ekonomia.gov.al/en	
	奥地利 PPP 中心： https://english.bmf.gv.at/	
	克罗地亚 PPP 中心：http://www.aik-invest.hr/	
	丹麦 PPP 中心：http://en.kfst.dk/	
	法国 PPP 中心：http://www.economie.gouv.fr/ppp/accueil	
	德国投资中心：http://www.bundesfinanzministerium.de/Web/EN/Home/home.html	
	希腊 PPP 中心：http://www.ppp.mnec.gr/en	
	爱尔兰 PPP 中心：http://ppp.gov.ie/	
欧洲 PPP 联盟	以色列 PPP 中心：http://ppp.mof.gov.il/mof/ppp/ mofpppto-pnavenglish	
	波兰 PPP 研究院：http://pppinstitute.com/	
	爱尔兰 PPP 中心：www.ppp.gov.ie	
	英国基础设施投资中心：https://www.gov.uk/government/organisations/ infrastructure-uk	
美国	美国交通部联邦公路管理局：www.fhwa.dot.gov/ppp/dbb.htm	
	美国 PPP 委员会：www.ncppp.org	
	美国国际开发署经济增长发展部：www.usaid.gov/our_work/economic_growth_and_trade/eg/privatization.htm	

组织机构、国家	部门名称及网址
加拿大	加拿大 PPP 中心：http://www.p3canada.ca/
	加拿大 PPP 项目委员会：www.pppcouncil.cn
	加拿大公私参照：http://strategis.ic.gc.ca/pics/ce/ic_psc
	加拿大 PPP 手册：http://strategis.gc.ca/epic/site/puprbdpr.nsf/en/Home
澳大利亚	基础设施 PPP：www.infrastructure.org.au
	澳大利亚 Partnership Victoria: www.partnerships.vic.gov.au
南非	南非 PPP 中心：www.ppp.gov.za
	南非 PPP 培训：https://www.gtac.gov.za/ppp-training
墨西哥	PPP 中心：http://infrapppworld.com/infrastructureppp-news-in-mexico
巴西	PPP 中心：http://infrapppworld.com/infrastructureppp-news-in-brazil
日本	日本内阁府：www.cao.go.jp/index-e.html
	日本 PFI-PPP 协会：http://www.pfikyokai.or.jp/
韩国	韩国 PPP 中心：http://pimac.kdi.re.kr/eng/main/main.jsp
	韩国计划与预算部：www.mpb.co.kr/english.htm.
菲律宾	菲律宾 PPP 中心：http://ppp.gov.ph/
新加坡	新加坡 PPP 中心：http://app.mof.gov.sg/ppp.aspx
印度	印度 PPP 中心：http://www.pppinindia.com/
中国	财政部 PPP 中心：http://www.cpppc.org
	中国 PPP 研究中心：http://www.pppcenter.org.cn/